언컨택트 시대의 인간 진화심리학

디스커넥트 인간형이 온다

언컨택트 시대의 인간 진화심리학

디스커넥트 인간형이 온다

초판 1쇄 인쇄 2021년 01월 11일
초판 1쇄 발행 2021년 01월 15일

지은이 오카다 다카시 **옮긴이** 송은애

펴낸이 이상순 **주간** 서인찬 **편집장** 박윤주 **제작이사** 이상광

펴낸곳 (주)도서출판 아름다운사람들
주소 (10881) 경기도 파주시 회동길 103
대표전화 (031) 8074-0082 **팩스** (031) 955-1083
이메일 books777@naver.com
홈페이지 www.books114.net

생각의길은 (주)도서출판 아름다운사람들의 교양 브랜드입니다.

ISBN 978-89-6513-634-7 (03180)

이 도서의 국립중앙도서관 출판예정도서목록(CIP)은 서지정보유통지원시스템 홈페이지(http://seoji.nl.go.kr)와
국가자료종합목록시스템(http://www.nl.go.kr/kolisnet)에서 이용하실 수 있습니다. (CIP제어번호 : CIP2019009352)

파본은 구입하신 서점에서 교환해 드립니다.

언컨택트 시대의 인간 진화심리학

디스커넥트 인간형이 온다

오가다 다카시 지음

송은애 옮김

머리말

|

공감형 구인류 디스커넥트 신인류

지금 우리 인류가 새로운 진화의 단계에 접어들었다는 사실은 의심할 여지가 없다. 게다가 그 변화는 매우 급격해서 보통 수만, 수십만 년 단위의 규모로 일어나는 변화가 수십 년 사이에 진행되고 있다. 카타스트로프[1]라고 불릴 법한 급격한 변화가 일어나고 있는 것이다. 산업혁명이 우리 사회의 구조를 크게 바꿨다면 정보통신 혁명(IT혁명)은 우리의 정신 구조와 존재 양식 그 자체를 바꾸려 한다. 더욱이 이와 동시에 애착 붕괴와 탈(脫) 애착화가 진행 중이다. 그리고 이 애착 시스템의 변화야말로 생물체인 인류 본연의 모습을 근본에서부터 뒤엎으려 한다.

---

1 catastrophe, 일반적으로 비참하고 불운한 불의의 변이, 예기치 못한 일, 정반대로 뒤집히는 것

30년 넘게 임상 현장에서 인생이란 강에 빠져 허우적대는 사람들을 어떻게든 끌어내리려고 발버둥 치며 애초에 그들을 집어삼키려는 격류가 무엇인지를 생각하게 되었다. 그들이 처한 상황을 알면 알수록 나는 그것을 누구나 거쳐 가는 인생의 거센 파도이자 각 인간에게 주어진 시련이라며 인도주의적 상념에 잠겨있을 수만은 없었다. 그들이 겪는 어려움과 괴로움에는 개개인의 인생을 훨씬 초월한 홍수 같은 대규모 사태가 숨겨진 원인으로서 관여하고 있는 것이 아닐까.

이렇게 생각하고 최근 수십 년 사이에 우리에게 일어난 일을 되짚어보는 과정에서 나는 애착 붕괴라는 현상이 인류를 덮친 홍수이 정체라는 결론에 나다랐다. 지구 온난화가 인류 생존의 토대를 물리적으로 위협하듯이 애착이라는 시스템의 붕괴가 정신적, 그리고 생물학적 생존의 토대를 좀먹고 있다는 사실을 깨달은 것이다.

애착이 무너지는 과정에서 '현대의 기이한 병'이라 할 법한 애착 관련 장애가 여럿 발생했다. 경계성 인격 장애, 섭식 장애, 소아 우울증과 조울증, ADHD(주의력 결핍·과잉 행동 장애) 등이다. 제2차 세계대전 이전에는 거의 존재하지 않았던 이 질환들은 1960년대 즈음부터 눈에 띄기 시작하더니 1980년대 이후 급증했고, 2000년대에는 폭발적으로 증가했다.[1]

근본적 원인은 애착이 손상되면서 포로형(불안형)이나 미해결형(무질서형)이라고 불리는 불안정한 애착을 형성한 데 있었다.

이 메커니즘을 알게 되면서, 나는 기존의 의학적 치료로는 감당하기 힘든 이런 장애에 임상가로서 애착에 어떤 식으로 접근해야 할지를 연구해왔다. 그리하여 나는 그야말로 문제의 핵심이 어디에 있는지를 뒷받침하는 결과를 얻었다.

그러나 나는 해마다 여기에 해결되지 않은 또 다른 문제가 있으며, 이 문제가 점차 커지고 있다고 느끼게 되었다. 아니, 그 문제는 훨씬 이전부터 존재했다. 하지만 비율이 낮은 데다가 경계성 인격 장애와 같은 불안형을 기반으로 하는 애착 관련 장애와 비교했을 때, 당사자가 당장이라도 숨이 끊어질 만큼 괴로운 상태도 아니다. 표면적으로는 계속 온화하고 스스로 고통이나 삶의 불편함을 주장하지도 않았으므로, 배경 속에 머물러있는 사례가 많았다. 그 문제가 바로 애착 붕괴가 초래하는 또 하나의 산물, 디스커넥트 인간형(회피형 애착 유형)이다.

디스커넥트 인간형은 타자와의 정서적 관계에 기쁨을 느끼지 못할 뿐 아니라 아예 관심조차 없어서 누구와도 끈끈한 유대감을 형성하지 못한다. 이러한 사람이 급증하고 있다는 사실을 알아차렸을 때는 약 30%에 달하는 지역도 있었다. 디스커넥트 인간형은 근대화 이전 사회에서는 거의 인정받지 못한 유형이다.

디스커넥트 인간형은 급변하는 환경에 적응하기 위해 생겨났다고도 볼 수 있다. 애착을 버림으로써 그들은 애착 붕괴라는 사회

환경의 급격한 변화를 극복하려 한다. 이는 일시적인 적응 전략의 하나로 생겨났으므로 인간으로서는 아무것도 달라지지 않는다.

나는 26~27년 전 의료 소년원에서 디스커넥트 인간형(회피형 애착 유형)으로 보이는 한 젊은이를 만난이래, 그들의 마음에도 타인에 대한 배려나 상냥함을 되살릴 수 있다는 믿음으로 연구해왔다. 실제로 이러한 '기적'은 종종 일어났다. 그러나 디스커넥트 인간형인 사람이 지극히 평범한 가정과 사회에 넘쳐나게 되면서, 내가 하는 일은 몇천, 몇만 명의 사람들이 격류에 휩쓸려 나락으로 떨어지는 상황에서 고작 한두 명을 안아 올리려는 것과 같다고 느낄 때도 있다. 무심해지는 것 외에 생존의 기술이 없는 사람들에게 그저 타인에게 상냥하게 대해줬으면 좋겠다는 우리의 기대를 억지로 강요하려는 것은 아닐까. 우리를 옭아매는 고정관념에서 벗어나 사태를 직시했을 때, 눈앞에서 일어나는 일은 전혀 다른 의미를 띠지 않을까. 현재 상황을 이해하려면 이와 같은 사고의 역전이 필요하지는 않을까.

사람 간의 유대가 가장 중요하며, 타인을 사랑하거나 타인에게 상냥하게 대하는 것이 훌륭한 태도라는 우리 마음속 기준을 허물고, 애착 붕괴의 과정이 그 최종 산물로서 무엇을 초래할지를 냉정하게 꿰뚫어 본 다음 그 해답과 마주해야 하지 않을까.

내 안의 소망이나 희망스러운 관측이 아니라 오히려 정반대인 우리의 가치관이나 신념을 모조리 부정하는 사고 실험이야말로 우리에게 자유로운 발상과 깨달음을 가져다주지 않을까.

이 책은 위와 같은 고찰을 구체화하는 과정에서 탄생했으며 이것은 내가 평소에 행하는 사고의 안티테제[2]이기도 하다. 나는 이 결론이 내가 바라는 미래와 정반대일지라도 그 결론을 그대로 서술하는 데 의미가 있다고 생각한다.

디스커넥트 인간형의 증가는 언뜻 대수롭지 않은 일처럼 보이면서도 다른 애착 관련 장애의 맹위보다 더 중대한 변화의 징후였던 셈이다. 이 증가가 어느 한계점을 넘으면 더는 되돌리기 어려운 영역으로 들어서게 된다. 구인류에게서 갈라져 나와 디스커넥트 신인류가 탄생하는 것이다. 이와 같은 새로운 관점에서 현재 상황을 되짚어보면 그 광경은 다른 의미로 다가온다. 한 예로 현재 많은 사람이 직장이나 가정에서 느끼는 스트레스는 보통 다음의 두 가지로 나뉜다.

하나는 애착의 붕괴로 애착 욕구가 채워지지 않음으로써 생겨난 구인류의 고민이고, 다른 하나는 애착이 무너진 환경에 적응하는 기술을 손에 넣은 신인류(디스커넥트 인간형)과 아직 애착과 공감 능력을 보유한 구인류(공감형) 사이의 서먹함이다.

디스커넥트 신인류와 공감형 구인류의 차이는 육식동물과 초식동물만큼이나 다르다. 두 인류는 전혀 다른 행동 양식과 가치관

---

2. 반정립, 테제(정립)의 반대되는 뜻으로 특정한 긍정적 주장에 대응하는 특정한 부정적 주장

을 지녔으며 전혀 다른 사회를 추구한다. 지금 두 인류 사이에서는 갈등과 혼란이 일어나고 있다. 하지만 머지않아 디스커넥트 인간형이 급속히 증가하면 우리 사회는 새로운 단계에 돌입해 그 모습과 제도가 완전히 바뀔 것이다.

우리는 디스커넥트형 인류의 등장이라는 사태를 받아들이고 이 상황에 대응해나가야 한다. 사라져가는 공감형 인류의 한 사람으로 살아가든, 최초의 디스커넥트형 인류로서 새로운 사회를 건설해가든, 그리고 우리가 바라든 바라지 않든, 우리는 인류사의 폭포에서 추락하려 하고 있다. 어느 곳을 향하려 하는지 적어도 알아둘 필요는 있지 않을까.

공감형 인류로 되돌아가려는 반동이 나타날 것인가, 공감형 인류와 공존하게 될 것인가. 아니면 디스커넥트형 인류가 세상을 가득 채울 것인가. 이때 디스커넥트형 인류의 사회에서는 어떤 일이 벌어질 것인가. 디스커넥트형 인류의 행복, 그리고 삶의 의미란 무엇일까.

차례

1장
—
디스커넥트 인간형
—
타인에게 관심 없는

세 가지 인생 이야기

STORY 1. 레이의 사례 : 우여곡절 끝에 다다른 신세계

아침 6시 반, 레이(가명)의 하루는 세수도 하지 않은 채로 스마트폰에 손을 뻗으며 시작된다. 19살인 레이는 성실히 다녔으면 고등학교 3학년이 되었겠지만, 모처럼 입학시험까지 치르고 들어간 입시 명문 중학교에서 교우 관계로 갈등을 겪은 이래, 꼬박 4년이 넘도록 제대로 등교하지 않고 있다. 지금도 여전히 방황 중이어서 전학 간 방송통신고등학교에서 일 년에 몇 번 수업에 참여하는 것이 고작이다.

하지만 이래도 상황이 꽤 나아진 편이다. 엄마가 어떻게든 학교에 보내려고 애쓰던 무렵에는 밤낮이 완전히 바뀌는 바람에 해가 중천에 떠서야 겨우 잠에서 깼다. 학교에 가지 않아도 잔소리를 듣지 않게 되면서 점점 아침에 일어나게 되었다.

레이는 눈을 뜨면 가장 먼저 스마트폰을 집어 들고 퍼즐 게임을 한다. 졸음기를 떨쳐내기 위해서다. 1시간 정도 계속하면 도파민이 분비되어 졸음기가 가시기 시작한다. 이 시간쯤 되면 이제야 출근하는 엄마가 방문 너머로 말을 건네지만, 레이는 대답하지 않는다. 엄마가 나가고 현관문을 닫는 소리가 들리면 천천히 일어나 아무도 없는 주방으로 간다. 식탁에는 언제나 그렇듯이 아침 식사가 차려져 있다. 레이는 한 손에 든 스마트폰을 계속 만지작거리며 달걀과 토스트와 샐러드로 아침 식사를 한다.

아주 최근까지는 밥을 먹은 후 다시 방으로 가, 컴퓨터 앞에 앉아서 본격적으로 온라인 게임을 했다. 이 시간대에는 대개 아직 밤인 미국 플레이어들과 팀을 짜서 대결한다. 게임을 할 때는 영어를 사용하나 문제가 되지 않는다. 영어는 게임을 하면서 익혔다. 게임을 하면서 동시에 영어로 채팅을 하는데, 레이는 키보드를 연속으로 치면서 얼굴 한 번 본 적 없는 미국 친구와 대화한다. 일단 시작하면 일러도 정오가 지날 무렵까지, 심하면 저녁 무렵까지 게임을 한다.

해 질 녘이 되면 일본을 비롯한 아시아에 사는 게임 친구가 참전하기 시작하므로, 전투태세를 새로이 하고 킨트롤러를 계속 조작한다.

식사도 거르고 물 한 모금 입에 대지 않은 채 15시간 정도 게임을 하면 당연히 피로감으로 기진맥진해진다. 체중까지 줄었다. 레이 자신도 이래서는 안 된다고 생각했지만, 자신의 힘으로는 그만둘 수 없었다. 아들을 걱정한 엄마가 레이에게 상담을 받게 한 것도 이 무렵이다. 전에 다니던 학교를 그만둔 후로는 친구들과의 교류도 완전히 끊었다. 다른 사람과 대화다운 대화를 나눠 본 적이 대체 몇 년 만이었을까. 이때부터 레이에게는 일주일에 한 번씩, 50분간 상담사와 이야기한다는 새로운 과제가 주어졌다.

게임을 멈추지 못해 상담을 갑작스럽게 취소한 적도 있지만, 상담사는 레이가 한창 빠져 있는 게임 이야기를 들어주었을 뿐 아니라 무슨 일이든 칭찬해주었으므로, 레이는 상담실에 가는 일이 점차 즐겁게 느껴졌다. 게임이 아닌 일을 즐겁다고 느낀 것도 수년 만이었다. 상담을 받는 사이에 그다지 생각해보지 않았던 장래에 관해 이야기하게 되었다. 상담사는 레이가 특정 분야에 뛰어난 능력이 있다고 생각하는 듯했다.

최근 몇 년간 학교 공부도 제대로 하지 않았는데 이렇게 영어를 읽고 쓰는 것은 굉장한 일이라고 했다. 상담사의 권유로 지능검사를 받아본 결과, 언어 이해와 지각 통합 지수가 몹시 높게 나왔다. 두 지수 모두 140 언저리쯤 되었다. 상위 0.5% 안에 들어갈 만큼 높다는 말을 듣고 레이는 기분이 나쁘지 않았다.

이 정도 능력을 썩혀 두기는 아깝다는 상담사의 말에 레이도 조금은 진지하게 자신의 장래에 관해 생각하게 되었다. 하지만 방송통신고등학교도 충분히 다니지 않은 데다가 과제조차 제출하지 않았으므로 졸업까지 앞으로 몇 년이 걸릴지 모를 일이었다. 그러자 상담사가 고등학교 졸업 학력 검정고시에 합격하면 고등학교를 졸업하지 않아도 대학에 갈 수 있다고 가르쳐주었다.

새로이 결심한 레이는 상담을 받고 돌아가는 길에 과거 문제집을 샀다. 시험 삼아 풀어보니 문제는 생각보다 쉬웠다. 중학교 초반까지 열심히 했던 공부가 조금은 도움이 된 것일까. '열심히 공부하면 어떻게든 대학에 갈 수 있을지도 몰라.' 이렇게 생각한 레이는 오후만이라도 공부하기로 계획을 세웠지만, 아침에 게임을 시작하면 결국 밤까지 계속하는 바람에 공부에는 손도 못 대고 하루가 끝나버리기 일쑤였다. 고민을 털어놓자 상담사는 레이는 무슨 일이든 집중해서 계속하는 성향이 있으니 공부를 가장 먼저 하는 것이 중요하다. 그러니 오후부터 시작하지 말고 아침에 눈을 뜨자마자 책상 앞에 앉아서 교과서를 펼치고 20분 만이라도 공부에 몰두해보면 어떻겠냐고 조언해주었다.

상담사의 조언대로 했더니 과연 책상 앞에 앉아서 교과서를 펼친 날은 그대로 오전 내내, 때로는 온종일 공부를 계속하게 되었다. 그러나 무심코 유혹을 떨치지 못하고 컴퓨터의 전원 버튼을 눌러버리는 날에는 그대로 하루가 끝나버렸다.

성실하게 공부하는 날도 그렇지 못한 날도 있었지만, 점차 공부하는 습관이 몸에 배자 레이의 목표는 검정고시 합격에서 대학

진학으로 바뀌었다. 그해 여름 고졸 검정고시에 합격한 레이는 그 여세를 몰아 대학 입시에 도전했고, 명문 사립 인문계 대학 중 하나에 합격했다.

그러나 합격한 대학에 레이가 다닌 기간은 고작 한 달이었다. 처음에는 레이도 적극적으로 사람들과 소통하려고 노력했다. 다른 학생에게도 말을 걸어 오랜만에 친구가 생겼지만, 머지않아 누구와도 맞지 않는다고 느끼게 되었다. 싱거운 녀석이라며 스스로 만남을 피하는 바람에 당연히 친구들과 멀어졌고 결국 완전히 고립되었다. 그러나 레이는 낙담하지 않았다. 말이 통하는 친구가 있는 우수한 대학에 가겠다며 자진해서 입시학원에 다니기 시작했다. 학원에서는 누군가와 친구가 될 필요가 없으므로 다니기에 마음이 편했다. 원래 수학과 과학을 잘했던 레이는 이듬해 봄, 어느 명문 이공계 대학에 합격했다. 레이는 이렇게 말한다.

"학교에는 저와 비슷한 사람이 많아요. 대화 따위는 하지 않으며, 다들 누구와도 얼굴을 마주하지 않고 컴퓨터 화면을 쳐다보죠. 게다가 좋다거나 싫다는 등, 감정적인 말을 하는 사람도 없고 맡은 일만 잘하면 좋은 평가를 받으니 마음이 편해요."

레이는 지금도 홀로 타지에서 기술직으로 일하는 아버지와 약사인 어머니 사이에서 외동아들로 태어났다. 어릴 적에는 발육 상태도 좋고 일찍부터 어린이집에 다니기도 하여 매우 똘똘했다고 한다. 초등학교 때까지는 특별한 문제도 없고 산수와 과학 시험에서는 거의 만점을 받았다. 그러나 친구와 좀처럼 깊은 관계를 맺지 못한 데다가 초등학교 4학년 때부터 학원에 다녔으므로 반에는 특별히 친한 친구도 없었다.

레이는 대인 관계와 의사소통에 문제가 있고 자폐증 비슷한 특징을 보이지만, 지능과 언어 능력이 뛰어난 '아스퍼거 증후군'일까.

STORY 2. 슈지의 사례 : 아내에게 거부당한 엘리트 의사

최근 부부관계를 둘러싼 고민이나 갈등이 크게 늘고 있다. 특히 의사니 IT 기술자 같은 전문직 남성과 결혼한 여성이 공감 능력과 배려심이 부족한 남편 탓에 우울함을 느끼거나 갑자기 짜증을 내는 등 심신 이상으로 고통을 겪는 사례다. 실제로 남편에게 가벼운 아스퍼거 증후군이나 디스커넥트 유형의 진단이 내려지는 사례도 많다. 여성이 보이는 위와 같은 증상을 '카산드라 증후군(감정 박탈 증후군)'이라고 한다.

슈지와 아키코(모두 가명) 씨 부부도 여기에 해당하는 전형적인 사례였다. 유명한 병원에서 근무하는 뇌신경외과 전문의인 남편 슈지 씨와 전직 승무원인 아내 아키코 씨는 모두가 부러워하는 커플처럼 보였다.

지인의 소개로 만난 두 사람은 곧바로 서로에게 끌렸다. 슈지 씨는 최전선에서 일하는 전문의답게 차분함과 냉정함을 겸비했으며, 외모 면에서도 키가 키고 엘리트 의사답게 용모단정했다. 아키코 씨는 첫 데이트 때부터 슈지 씨에게 호감을 느꼈다.

한편 아키코 씨도 외모가 아름답고 몸짓이 우아했다. 또 국제선 승무원으로 일해 온 만큼 무슨 일이든 척척 완벽하게 해내는 실무 능력으로 보나 풍부한 화제로 상대방을 질리게 하지 않는 회화 능력으로 보나, 무엇 하나 부족함 없는 여성으로 슈지 씨를 매료시켰다.

두 사람 모두 바쁜 직업 탓에 매주 데이트할 만큼 시간이 많지는 않았다. 데이트 때 아키코 씨는 슈지 씨에게 궁금한 점을 물어보고는 했다. 그러면 슈지 씨는 일단 대답해주기는 했지만, 자신이 먼저 이런저런 이야기를 하기보다 대개 듣는 쪽에 섰으므로, 아키코 씨는 슈지 씨가 무엇을 어떻게 생각하는지 조금 알기 어려웠다. 아키코 씨는 과거의 이성 교제까지 포함해 서로의 여태까지의 인생을 전부 받아들인 후에 하나가 되고 싶었다. 그러나 슈지 씨는 아키코 씨의 과거에 흥미가 없는지 절대 묻지 않았고, 슈지 씨자신도 사적인 과거의 일은 조금도 이야기하려 들지 않았다. 직업, 최근에 본 영화, 외국에 갔던 이야기를 하는 것은 즐거웠지만, 인생의 반려자로서 자신을 어느 정도까지 진심으로 생각하는지 확신이 서지 않았다. 이러한 생각은 아키코 씨가 슈지 씨의 청혼을 받아들여서 부부가 된 후로 점점 강해지게 된다.

결혼 후 전업주부가 된 아키코 씨는 가정을 완벽히 꾸려나갔다. 한편 슈지 씨는 퇴근 후에도 좀처럼 자신이 먼저 이야기를 꺼내지 않았다. 논문을 읽거나 다음날에 할 수술을 준비하면서 보냈다. 다음날 수술이 있으면 음주는 물론 부부관계도 삼갈 만큼 무엇보다 수술이 우선이라는 것이 가정의 불문율이었다.

하지만 2년 후에 아이가 생기자 아키코 씨는 일을 우선하는 남편의 태도가 점차 불만스럽게 느껴졌다. 슈지 씨는 변함없이 일을 우선하는 생활을 절대 바꾸려 하지 않았다. 오히려 이러한 생활에 아내가 당연히 따라야 한다고 생각하는 듯했다.

아이가 한밤중에 울어도 수술에 지장이 생긴다는 이유로 슈지 씨는 조금도 관여하지 않고 나른 방에서 홀로 잠을 잤다. 슈지 씨의 숙면을 방해하지 않으려 아키코 씨가 밤새도록 아이를 안고 어른 것은 안중에도 없었다. 다음 날 아침 "어젯밤에는 아이가 참 심하게 울었지." 하고 말할 뿐이었다.

아이가 생긴 뒤로 아키코 씨의 몸 상태가 정상이 아니기도 하여 부부관계 횟수도 현저히 줄었다. 가끔 관계할 때도 감싸주듯이 따뜻하고 부드럽게 어루만져주는 것이 아니라 단지 기계적으로 행위를 할 뿐이어서 몸도 마음도 굳어 버렸다. 성교통을 호소했는데 억지로 관계를 맺은 적도 있다. 아키코 씨는 그날 이후 통증에 대한 공포심 때문에 남편과의 관계를 거부하게 되었다.

얼마 안 가 슈지 씨도 하지 않는 것이 당연해졌는지 관계를 요구하지 않았다. 아키코 씨는 점차 몸이 예전 상태로 돌아오면서 성욕을 느끼는 날도 있었지만, 슈지 씨는 평일에 수술이 가득 차 있었고 주말에도 수술 후 관리, 긴급 수술, 학회 등으로 바빴으므로, 어긋나는 날이 이어졌다. 아키코 씨는 슈지 씨가 가정이 아닌 다른 곳에서 성욕을 채우지는 않는지 걱정스러웠다. 그러나 남편에게는 바람을 피우는 것과 같은 수고스러운 일이 불가능해 보였다.

자기 일만 우선으로 여기고 아내의 희생은 아랑곳하지 않은 채 변함없이 자기 방식대로 행동하며 자신이 하고 싶은 일만 하는 듯한 남편의 모습에 아키코 씨의 마음에는 점차 분노와 욕구불만이 쌓여 갔다. 가장 큰 스트레스는 아키코 씨가 자신의 감정이나 감상을 말해도 슈지 씨는 냉정하게 평가하거나 제삼자에게 말하듯이 대답할 뿐이어서, 남편과 감정을 공유한다는 느낌이 전혀 없다는 점이었다.

수술 실력이 뛰어나니 의사로서는 훌륭한 사람일지 모르나, 인간, 그리고 남편으로서는 곁을 주지 않는 슈지 씨의 행동에 아키코 씨의 정신 상태는 점차 이상하게 변해갔다. 화를 참지 못하고 슈지 씨에게 폭언을 퍼붓는 일이 늘었다. 이상하게 변해버린 자신 때문에 혼란스러웠지만, 행복한 결혼 생활을 한다고 생각하는 주변 사람들에게 이 같은 속사정을 이야기할 엄두가 나지 않았다.

그러던 어느 날 아키코 씨는 '카산드라 증후군'이란 질환을 알게 되었다. 이 질환은 정확히 자신이 겪고 있는 일이었다. 남편은 아스퍼거 증후군일까. 하지만 의사로서는 신뢰가 두텁고 능력이 뛰어날 뿐 아니라 환자들에게도 존경받고 있다고 들었다. 아키코 씨는 작심하고 슈지 씨에게 자신의 속내를 털어놓았다. 그리고 남편에게 이대로라면 헤어질 수밖에 없다. 그러나 무언가 이 상황을 개선할 방법이 있다면 시도해보았으면 좋겠다고 이야기했다. 슈지 씨는 처음에는 귓등으로도 듣지 않았지만, 이대로라면 부부관계가 원치 않은 방향으로 가게 되리라는 사실은 잘 알고 있었으므로, 아내가 소개해준 의료 기관에서 진료를 받기로 했다.

슈지 씨의 면접은 다섯 차례에 걸쳐 상세하게 이루어졌다. 슈지 씨는 인테이크 면접(초진 시 본격적인 면접에 앞서 이루어지는 예비 면접)과 네 차례의 진단 면접, 그리고 동시에 발달 검사를 비롯한 여러 가지 심리 검사도 받았다.

슈지 씨는 처음에 왔을 때, 긴장한 기색이 역력했고, 경계심과 거부감 또한 강했다. 그리하여 처음에는 반강제로 진료를 받았으나, 점차 마음을 터놓게 되면서 자신이 현재 직면한 아내와의 관계뿐 아니라 여태까지의 인생까지 이야기하게 되었다. 진료하면서 가장 인상적이었던 점은 슈지 씨가 어린 시절의 일을 잘 기억하지 못한다고 이야기한 것이었다. 슈지 씨는 우수한 의사로 기억력이 뛰어났지만, 과거의 추억을 이야기하는 데 강한 거부감이 있거나 추억이 억압되어 있는 듯했다.

그래도 조금씩 이야기하는 에피소드를 통해 교사인 어머니가 항상 바빴던 탓에 어릴 적 할머니 손에 자랐으며 세 살부터는 쭉 어린이집에 다녔다는 점, 즐거운 추억이나 상냥한 엄마에 대한 기억이 거의 없다는 점 등을 알게 되었다. 고독한 어린 시절을 보냈으리라고 짐작되었다. 초등학교에서도 혼자 있을 때가 많았고 거칠고 덜렁대는 다른 아이들에게 친밀감이 아닌 공포를 느꼈다고 한다. 이야기할 친구가 있다 해도 그것은 일회성 관계일 뿐, 친구를 집에 데려오지도 휴일에 놀러 나가지도 않았다. 슈지 씨에게는 독서와 게임 그리고 초등학교 2학년 때부터 시작한 장기만이 즐거움이었다.

슈지 씨는 학교보다 학원에 있을 때가 더 즐거웠다. 학원은 목적이 분명하고 번거로운 인간관계에서 벗어날 수 있었기 때문이다. 학원에서 처음으로 존경할 만한 친구도 생겼다. 그 친구는 의사가 되겠다는 명확한 목표가 있었고 지식이 풍부했으며 의식 또한 높았다. 공립 초등학교에서 시끄럽게 소란을 피우거나 억지를 부리거나 갑작스럽게 주먹을 휘두르는 아이들과는 마치 다른 인간 같았다. 처음으로 마음이 통하는 존재를 만난 듯한 기분이었다.

한편 아내에게는 신뢰나 친밀감이 아닌 부담과 공포만 느껴진다고 했다. 말하자면 그것은 기억 깊숙한 곳에 방치해둔, 슈지 씨가 억지를 부리거나 소란을 피우는 부류의 인간에게 느끼는 감정이었다.

발달 검사 결과 슈지 씨는 뛰어난 지능의 소유자로 판명되었다. 특히 언어 이해와 지각 통합 영역에서 높은 수치를 기록했다. 하지만 자폐 스펙트럼증으로 진단하기에는 사회성과 의사소통, 사회적 인지와 실행 기능 면 모두에서 신경 기능계의 장애가 발견되지 않았다. 다만 정서적 교류나 친밀한 관계를 꺼리고 공감적 응답에 관심이 없으며 일이나 공부처럼 혼자 할 수 있는 일을 선호한다는 경향이 뚜렷했다. 또 다른 특징은 엄마에게 관심이 없고 엄마와의 정서적 유대가 희박하다는 점이었다. 엄마를 '그 사람'이라고 불렀고 엄마에 대한 이미지로 '냉정하다'라는 말을 가장 먼저 했다. 그리고 지금은 아내에게도 똑같은 감정을 느끼는 듯했다.

슈지 씨에게 내려진 진단은 디스커넥트 유형(회피형 애착 유형)이었다. 깊고 친밀한 관계와 정서적 교류를 좋아하지 않을 뿐 아니라 협조성과 공감성 면에서도 부족한 데가 있었다. 자폐 스펙트럼증과 비슷하나 신경계에 눈에 띄는 상애가 없고 대인 관계, 특히 친밀한 관계를 잘 맺지 못하는 점이 특징이다. 슈지 씨, 그리고 첫 번째 이야기의 주인공인 레이의 문제 또한 디스커넥트 유형(회피형 애착 유형)에서 비롯된 것이다.

STORY 3. 요시하루의 사례 : 인생의 황혼기에 찾아온 별거

요시하루(만 60세) 씨가 다급한 목소리로 전화를 걸어와 갑작스럽게 상담을 요청했다. 누구나 다 아는 일류 기업의 엘리트 회사원이었던 요시하루 씨는 반년 전에 정년퇴직하고 지금은 재고용되어 같은 회사에서 일한다. 진료실에 나타난 요시하루 씨는 온화한 미소를 띠고 있었지만, 그의 입에서 나오는 이야기를 들어보니 정신 상태가 심각해 보였다. 요시하루 씨는 퇴직한 지 얼마 안 되어 아내와 별거를 시작했고 현재는 혼자 산다고 했다.

아내에게 예전부터 함께 사는 것이 괴롭다는 말을 계속 들어 왔다. 요시하루 씨는 나름대로 아내와 잘 지내보려고 노력했다. 그러나 아내가 기대하는 수준에는 도저히 미치지 못했는지 아내에게 사사건건 핀잔을 들었다. 아내는 이혼을 요구했고 이혼이 어렵다면 별거하고 싶다고 했다.

아내의 말에 따르면, 남편은 감정이 통하지 않는 벽창호로 얼굴을 마주하는 일조차 스트레스이기 때문에 반려견과 사는 편이 훨씬 낫다는 것이다. 드디어 퇴직이 코앞에 다가온 어느 날, 아내가 또다시 별거 이야기를 꺼냈을 때는 몇 년간의 노력이 허무하게 느껴졌다. 하지만 이후에도 계속 이런 말을 듣고 살 정도라면 차라리 아내의 말대로 하는 편이 마음이 더 편하겠다는 생각이 들었다고 한다.

그런데 집을 나가는 날이 가까워질수록 우울함과 불안감이 커져만 갔다. 집안일은 얼추 할 수 있었으므로 이 점은 걱정이 되지 않았으나, 무언가 의지할 곳이 사라져버리는 것만 같았다. 일단 승낙한 일을 뒤집을 수도 없는 노릇이었으므로 아내와 아들에게 여태까지 살았던 집을 넘겨주고 아담한 아파트로 이사했다.

실제로 가족과 떨어져서 혼자가 되니 예상과는 달리 마음이 편했다.

'거의 매일같이 들었던 아내의 잔소리와 공격도 없고, 좋아하는 여행이나 음악 등 취미 생활 또한 자유롭게 즐길 수 있다. 여태까지 아내의 의향이나 찌푸린 얼굴이 마음에 걸려 삼가왔던 일도 이제부터는 마음껏 할 수 있다. 다시 한번 독신으로 돌아간 셈이다. 나는 이제 자유다.'

당시에는 이런 생각과 함께 이 정도라면 잘 해낼 수 있을 것 같았다. 가족의 굴레는 방해가 될 뿐이므로 혼자 사는 인생이 최고라며, 고독을 찬미하는 책도 몇 권인가 읽었다. 이것이 새로운 삶의 방식이라고 생각했다. 또 휴가를 내고 여행 갈 계획을 세우기도 했고, SNS를 시작해 오랫동안 연락을 끊고 살았던 친구들과도 연락을 주고받으며 바쁘게 지냈다. 그야말로 독신 생활을 마음껏 즐겼다.

그러던 어느 날 생각지도 못한 사람에게 연락이 왔다. 대학교 때 함께 동아리 활동을 했던 N에게 연락이 온 것이다. 사실 요시하루 씨는 N을 좋아해서 한두 번 정도 차를 마시자고 데이트 신청을 했지만, 더 깊은 관계로는 나아가지 못했다. 그리고 고백할 기회조차 얻지 못한 채 취직해서 멀어져 버렸다. 그러나 30대 중반이 넘을 때까지 결혼하지 않았던 것도 어쩌면 마음 한구석에 N에 대한 미련이 남아있었기 때문이었는지도 모른다.

그리움과 함께 암흑 속에서 한 줄기 빛을 발견한 듯한 느낌이 들었다. 가족과 떨어져서 역시 외로웠던 것이리라. 누가 먼저랄 것도 없이 만나고 싶다는 말이 나왔고, 날짜와 장소가 결정되었다.

하지만 약속한 날이 다가올수록 이번에는 두려운 마음이 커졌다.

　무려 40년 가까운 세월이 지난 것이다. 주고받은 메시지에 따르면 N은 당연히 결혼을 했고 벌써 성인이 된 자녀가 있다고 했다. 이런 나이에, 이제 와서 만나보았자 서로 실망하게 될 뿐이 아닐까. 요시하루 씨는 몇 번이나 도망치고 싶은 듯한 감정에 휩싸였지만 역시 만나고 싶다는 마음이 앞섰다. 혼자가 되어 외로웠던 것이다. 낭만적인 꿈을 꾸고 있었는지도 모른다.

　드디어 그날이 왔다. N은 나이보다 훨씬 젊어 보였으나 완전히 중년 여성이 되어 있었다. 하지만 그 시절 이상으로 다정한 분위기와 그 시절과 조금도 다름없는 장난기 어린 눈동자에 요시하루 씨는 지나가 버린 세월을 잊어버릴 뻔했다.

　요시하루 씨를 본 N은 '조금도 변하지 않았다'라며 감격에 겨운 듯이 말했지만, 그럴 리가 없었다. 머리숱도 꽤 줄었고 흰머리도 늘었다.

　두 사람은 식사를 한 후 저녁 무렵 역에서 헤어질 때까지 몇 시간 동안 함께 보냈다. N은 남편, 자녀부터 최근에 태어난 손자 이야기에 이르기까지, 예전처럼 자못 즐겁다는 듯 이야기를 이어나갔다. 그 유쾌한 목소리에는 젊은 시절의 N이 고스란히 살아 있었다. 요시하루 씨는 N의 이야기에 귀를 기울이면서 자신에게는 들려줄 말이 전혀 없다는 생각이 들었다.

　"요시하루 씨 이야기도 좀 해줘요."

N의 부탁에 요시하루 씨는 하마터면 "난 들려줄 말이 아무것도 없어요. 전부 실패했거든요." 하고 말할 뻔했다. 간신히 이 말을 삼키고는 손자는 아직 없지만, 그럭저럭 잘살고 있다고 모호하게 대답했다.

"예전이랑 변한 게 없네요. 나한테만 말하게 하고 자기는 입을 다문다니까. 항상 실없이 웃기만 하고."

아내에게 예전부터 계속 들어왔던 말이다.

"이제야 하는 말이지만 나는 계속 요시하루 씨를 좋아했어요. 요시하루 씨가 무슨 말인가 해주기를 기다렸죠. 요시하루 씨를 잊기까지 3년이나 걸렸어요. 이후에 지금의 남편과 만났고요."

예기치 못한 N의 고백에 요시하루 씨는 숨이 멎는 듯했다. N도 자신과 똑같은 마음이었다니…. 그러나 그 기쁨은 다음 순간 표현하기 어려운 상실감이 되어 요시하루 씨를 책망했다.

각자 걸어온 40여 년의 세월 동안 N은 신뢰할 수 있는 반려자와 함께 따뜻한 가정을 이루었고 보물을 양손 가득 얻었다. 그런데 노 자신은 한때 분명 소중했을 아내와 자녀의 이야기조차 주저하는 형편이다. 똑같은 세월을 살아왔는데도 무엇 하나 손에 넣지 못하고 단지 잃어버리기만 한 듯한 기분이었다.

N과 역에서 헤어진 후에도 마음에 커다란 구멍이 뚫린 것처럼 허무했다. 나는 무엇을 해온 걸까. 진지한 삶을 계속 회피해온 걸까. N을 좋아했으면서도 더 가까이 다가갈 용기조차 내지 못한 채 결국 나에게 청혼한 아내와 한몸이 되었다. 아내를 그렇게 사랑하

지도 않았고, 처음부터 간절히 원해서 한 결혼도 아니었다.

이런 마음이 소극적인 태도로 나타나 일을 핑계로 아내와의 관계를 계속 피하기만 했는지도 모른다. 이런 요시하루 씨의 태도에 아내는 고통스러워했다. 그러나 요시하루 씨는 이런 아내를 보고도 못 본 척을 해왔다. 그리고 인생의 황혼기가 가까워지자 이번에는 남편에게 정이 떨어진 아내에게 버림받을 처지가 되고 말았다….

요시하루 씨는 처음으로 자기 삶을 후회했다. 다른 삶을 살 수도 있지 않았을까? 하지만 이제 모든 것을 되돌리기에는 너무 늦었다는 생각이 들자 불안한 마음을 주체할 수가 없었다.

N과의 재회와 N의 고백이 오히려 요시하루 씨의 상실감을 더커지게 한 셈이다. 원래 요시하루 씨는 디스커넥트 유형(회피형 애착 유형)으로, 거리를 둔 관계를 선호하고 친밀한 관계를 무심코 피해 왔다. 대학 시절 서로 호감을 느꼈던 여성에게 한발 다가가지도 못했고, 결혼한 이래 30년간 인생을 함께해온 아내와도 마음이 통한적이 없었다.

회사에서는 나름대로 높은 성과를 올린 덕분에 세계적으로 유명한 일류 기업에서 엘리트 사원으로 정년까지 일할 수 있었다. 하지만 재고용되어 비정규직이 된 지금은 아무도 요시하루 씨에게 특별한 성과를 기대하지 않는다. 자신이 쌓아온 실적과는 관계없는 일을 단지 억지로 처리할 뿐이다. 문득 '나는 40년간 무엇을 위해서 일을 해왔는가?'란 생각이 솟구치고는 한다.

가족을 위해서라는 말은 미사여구에 지나지 않는다. 사실은 회사 일을 핑계로 가정으로부터 도망쳤다. 그러나 회사 일조차 정말로 하고 싶은 일을 해온 것도 아니다. 요시하루 씨는 원래 음향 전문가였지만, 음향 관련 부문이 회사에서 분리되었을 때 하고 싶은 일보다 안정을 택했다. 가족을 위해서 이런 선택을 했다고 생각했으나 자신에 대한 핑계일 뿐, 사실은 회사를 그만두는 것이 두려웠다.

'사랑과 일 모두 어중간했고 결국 모두 잃고 말았다. 내가 진정으로 원했고 최선을 다해 성취한 일은 아무것도 없다.'

요시히루 씨는 이런 생각에 사로잡혔다.

많은 디스커넥트 인간형이 인생의 황혼기에 접어들었을 때 빠지기 쉬운 생각이다. 새삼스레 스스로 주체적인 삶을 거부해왔다는 사실을 깨달아도 시간은 되돌릴 수 없다. 정면으로 맞서기를 거부해온 잔혹한 사실이었다.

이런 사실을 깨닫지 못한 채로 살아가는 편이 더 나았을까. N과 재회하지 않고 예전처럼 독신 생활을 즐겼더라면 자신의 인생에 무엇이 부족한지를 깨닫지 못했을까. 아니, 그것은 눈을 돌리고 있었을 뿐으로 자신을 끝까지 속이지는 못했으리라. 아직 인생이 10년에서 20년 정도 남아있을 때 깨달은 것을 다행스럽게 여겨야할까.

애초에 왜 이런 상황이 되어버렸을까. 요시하루 씨는 자신을 되돌아보는 작업을 하면서 자신의 진짜 마음과 감정을 분리해왔다는 사실을 깨닫는다. 자신은 아무것도 느끼지 못하고 아무것도 원하지 않는다는 듯이 행동해온 것이다.

그러고 보니 어린 시절, 소리를 내지 않고 웃고 있을 때면 엄마에게 자주 핀잔을 들었다. 특별히 즐거운 일도 없었다. 오히려 정반대였다. 엄마는 언제나 아픈 형을 보살피느라 거의 집에 없었다. 가끔 집에 와서는 언짢다는 듯이 얼굴을 찌푸릴 뿐, 요시하루 씨의 얼굴은 제대로 쳐다보지도 않았다. 요시하루 씨는 어느샌가 공상의 세계에서 노는 법을 터득했다. 공상에 잠길 때면 얼굴에 자연스레 미소가 번졌다. 다만 엄마 앞에서는 웃지 않으려 조심했다.

공상의 세계로 도피하는 현상도 디스커넥트 유형의 아이에게 종종 나타나는 보상 행위다. 어릴 적부터 요시하루 씨는 현실로부터 자신을 분리해, 스스로를 지키는 기술을 터득했던 것이다. 이는 심리적으로 방치당한 아이에게 흔히 나타나는 반응이다.

요시하루 씨는 처음에 공상하는 버릇이 있었다는 사실을 완전히 잊고 있었다. 하지만 기억이 되살아나면서 공상 세계는 자신에게 매우 중요한 부분이고 언제나 머릿속의 절반쯤은 공상하고 있었음을 기억해냈다. 요시하루 씨의 이 버릇은 20대쯤까지 계속되었다. 요시하루 씨는 현실 세계와 공상의 세계가 평행 세계처럼 펼쳐져 있고, 두 세계가 포개져 존재하는 듯한 감각으로 세상과 소통했다.

현실과의 관계는 절반의 실감밖에 없고 절반의 자신은 공상 속에 살고 있었다. 누군가와 만날 때도 이야기를 할 때도 언제나 이런 느낌이었고, 자신의 절반은 그 자리에 없었다. 어린 시절의 일을 그다지 기억하지 못하는 이유도 세상을 이렇게 인식하는 까닭이다. 요시하루 씨는 이런 자신이 여태까지 살아올 수 있었던 이유를 삶을 반쯤 뜬구름같은 것이라 여겼기 때문이라고 생각했다.

하지만 대학 졸업이 얼마 남지 않은 어느 날, 가랑비가 내리는 건널목에서 우산을 씌워준 N에게 아무 말도 건네지 못한 채 그녀가 멀어져 가는 뒷모습을 배웅했을 때 맛본, 가슴이 저미는 듯한 감각은 틀림없이 현실 세계의 일이었다.

그 후 10년쯤 지나서 아내가 될 여성을 만나 처음으로 데이트한 밤, 헤어질 시간이 다가오는 것을 느끼면서 헤어지기 싫다고 생각했던 것도 부정하기 힘든 사실이었다.

감정을 일일이 부정할 필요는 없었다. 지금 설령 그 감정이 정반대의 것으로 변했을지라도 그런 감정을 맛보며 살아왔다는 사실은 무엇과도 바꾸기 힘든 사실이다. 육체와 마찬가지로 감정에도 생명이 다하는 날이 온다. 그러나 그것은 그 감정이 존재하지 않았다는 뜻이 아니다. 그 순간 확실히 마음속에 머문 생각이다. 지금은 변해버렸다고 해서 모든 것을 부정할 필요는 없지 않을까.

요시하루 씨는 자신의 진짜 감정을 찾는 여정 속에서 자신이 과거에 맛보았던 감정을 하나하나 수용해나갔다. 그러자 모든 것을 잃어버린 것 같은 마음은 마치 시간을 멈추려 하는 것처럼 억지스러운 마음에 지나지 않는다는 사실을 깨닫게 되었다. 그리하여 자신의 삶을 있는 그대로 받아들이는 쪽으로 변화해갔다.

세 이야기의 공통점

이번 장에서 소개한 세 가지 인생 이야기는 각각 청년기, 중년기, 초로기로, 나이대는 다르지만, 한 가지 본질적인 특징과 이에 수반하는 인생 역경을 공유한다. 바로 정서적 교류나 친밀한 관계를 꺼린다는 특성이다. 세 명의 문제점은 표면적인 인생밖에 살지 못하거나 지속적인 신뢰 관계를 맺지 못하는 까닭에 고독한 인생이 되기 쉽다는 것이다. 이를 디스커넥트 유형(회피형 애착 유형)이라고 한다.

이 상태는 종종 자폐 스펙트럼증으로 진단된다. 하지만 이 진단명은 그리 적절하지 않다. 자폐 스펙트럼증은 자폐증 또는 자폐증과 유사한 상태의 총칭으로, 여기에는 과거 전반적 발달 장애나 아스퍼거 장애라 불렸던 질환까지 포함된다. 신경계에 장애가 나타나고 일상생활이나 사회생활에서 큰 어려움을 겪는다.

그러나 디스커넥트 유형은 비슷한 특징을 보여도 자세히 검사해보면 신경학적 차원의 장애는 특별히 없다. 실제로 특이한 능력을 살려 성공을 거두는 사람도 많다. 그런데도 그들이 삶에서 겪는 곤경과 어려움은 절대 작지 않다. 특히 친밀하고 지속적인 관계를 맺는 데 어려움을 느낀다.

또 다른 특징은 부모와의 유대감이 희박하다는 점이다. 부모에 관해 물어보면 아무런 문제가 없다는 식으로 반응하지만, 깊이 파고 들어가기를 꺼린다. 나중에 사정을 알고 보면 부모와 관계가 소원하거나 외롭게 자랐거나 부모에게 기대만을 강요받아 억지로 공부했다는 등의 상황이 드러난다.

디스커넥트 유형에는 물론 유전 요인이 30~40%[2] 정도(자폐 스펙트럼증의 유전 요인은 80~90%로 추정된다)[3] 영향을 끼친다. 하지만 어떤 환경에서 자랐는가, 즉 환경 요인도 큰 영향을 끼친다는 점이 특징이다. 디스커넥트 유형은 해마다 우리 현대인에게 중요한 문제로 떠오르고 있다. 디스커넥트 유형은 개인적으로 삶이 고달프다거나 생활이 불편하다는 문제에 머물지 않고 종(種)의 존속과도 관련된 까닭이다.

그럼, 우선 디스커넥트 유형이란 무엇인가를 다시 한번 학습하고, 디스커넥트 유형이 급속히 증가하는 배경, 즉 환경적 요인부터 살펴보자.

2장

—

계속 급증하는
디스커넥트 인간형

—

혼자가 편안

우간다에서 돌아온 여성 연구자를 놀라게 한 것

지금으로부터 70년 전인 1950년에 있었던 일이다. 유학 가는 남편을 따라 캐나다에서 영국으로 건너온 여성 연구자의 눈길이 한 건의 구인광고에 멈췄다. 신문 한구석에 실린 광고는 연구를 도와줄 조수를 구하는 광고로, 일할 곳을 찾던 그녀에게는 행운이나 다름없었다.

이 여성의 이름은 메리 에인스워스(Mary Ainsworth), 그리고 구인광고를 낸 사람은 존 볼비(John Bowlby)라는 이름의 정신의학자였다.[4] 오늘날에는 애착 이론의 창시자로 전 세계에서 유명한 볼비지만, 에인스워스는 볼비를 잘 알지 못했다. 아니, 오히려 몰랐기 때문에 구인광고를 보고 연락해야겠다고 생각했다.

당시 볼비는 전쟁고아를 조사하여 엄마의 애정과 보살핌이 아이의 성장에 필요하다고 학계에 보고했다. 그러나 볼비의 주장은 강한 반론과 비웃음의 대상이 되었다. 그 무렵 정신의학 분야의 주류였던 정신 분석은 아버지와의 관계를 중시했고, 새롭게 대두하던 행동주의 심리학은 애정이나 유대감 같은 눈에 보이지 않는 현상에 회의적이었다. 행동주의의 주장에 따르면 아이가 엄마에게 집착하는 이유는 엄마가 젖을 주고 돌봐준 것에 따른 학습에 지나지 않으며, 특별한 유대감 따위는 우리가 만들어낸 환상일 뿐이었다.

이와 같은 수류파의 상식에서 보았을 때 볼비의 주장은 지나치게 낭만적인데다가 가소롭기 짝이 없는 농담일 뿐이었다. 에인스워스가 이런 부정적인 선입견 없이 볼비의 연구를 알게 된 것은 무엇보다 행운이었다. 볼비의 생각에 흥미를 느낀 에인스워스는 최초로 볼비의 공동연구자가 되었다.

그때까지 볼비가 중점적으로 조사한 대상은 전쟁으로 부모를 잃은 아이들이었는데, 이 아이들에게는 심각한 발달상·심신상의 문제가 자주 발생했다. 에인스워스는 더 평범한 아이들을 조사해보기로 했다. 그러자 놀랍게도 비율이 낮기는 하지만, 부모가 있고 제대로 양육되는 것처럼 보이는 아이 중에도 엄마와의 애착이 그다지 안정적이지 않은 아이가 있었다. 이 불안정한 애착을 보이는 유형 중 하나가 엄마가 있든 없든 별다른 관심을 보이지 않는 디스커넥트 유형이었다.

안정형 아이를 둔 엄마는 아이가 도움을 청하면 곧바로 반응하고 아이를 들어 올려서 보호하려고 했다. 하지만 디스커넥트 유형의 아이를 둔 엄마는 대부분 자기 아이가 처한 난처한 상황을 눈치채지 못했다. 눈치를 채더라도 무관심해서 잠시 방치했다.

에인스워스는 엄마가 안전 기지의 역할을 하는 데는 엄마의 감수성과 응답성이 중요하며, 이것이 안정된 애착 형성에 중요하다고 생각했다.

이후 에인스워스는 남편의 직장 문제로 영국에서 아프리카의 우간다로 이주한다. 에인스워스는 이러한 상황도 좋은 기회로 여기고 훌륭히 활용했다. 우간다의 캄팔라에서도 조사 활동을 펼쳐 엄마와 아이의 애착에 관해서 계속 관찰했다. 만일 우간다에서도 영국에서 본 결과가 나온다면 애착이라는 시스템은 문화와 인종의 벽을 넘어서 전 인류 공통의 생물학적 시스템이라는 사실이 증명된다. 실제로 대부분 에인스워스와 볼비의 가설을 뒷받침해주는 결과가 나왔다.

에인스워스가 전혀 예상하지 못한 결과와 맞닥뜨리게 된 때는 우간다를 떠나 모국인 미국 볼티모어에서 똑같은 조사를 했을 때였다. 우간다에서는 거의 볼 수 없었던 디스커넥트 유형 아이가 미

국에서는 높은 비율로 나타난 것이다.[5]

　시대는 이제 1960년대로, 사실 1960년대의 미국 사회는 커다란 전환점을 맞이하고 있었다. 공민권 운동[3]과 여성 해방 운동이 열기를 띠어 여성의 사회 진출이 급속히 이루어졌고 동시에 이혼이 급증하기 시작했다.[6]

　여성의 권리는 상당히 신장했지만 이는 아이들에게 적잖은 영향을 끼쳤다. 아동 학대가 급증해 사회문제로 떠오르기 시작한 시기도 60년대이고, 사회가 과잉 행동 아동이나 정서 장애 아동의 증가에 주목하여 과잉 행동 아동에게 본격적으로 약물 치료를 도입한 시기도 60년대였다.[7]

　우간다에서 고향으로 돌아온 에인스워스가 거나란 차이를 느낀 것도 당연했다.

　디스커넥트 유형이 되는 대표적 요인은 방임이나 심리적 무시지만, 제대로 아이를 보살펴도 엄마의 반응성이나 공감성이 부족하면 똑같은 결과가 나온다. 또 엄마 자신에게 큰 문제가 없더라도 생후 1년 미만, 혹은 장시간 어린이집에 맡긴 경우에는 디스커넥트 유형이 될 위험성이 커진다.[8][9][10]

　1960년대는 일하는 여성뿐 아니라 어린아이를 맡기고 일하는 여성도 많이 증가한 시기였다. 디스커넥트 유형의 증가는 단지 우연의 일치이며 인과관계 따위는 없는 것일까.

---

3. 백인과의 동등한 권리를 요구하던 미국의 흑인 운동

계속해서 늘어나는 디스커넥트 인간

1960년대에 어린아이였던 사람도 80년대에는 어른이다. 여성의 사회 진출과 이혼의 급증은 70년대까지 이어졌고 80년대 이후에도 계속 증가했다. 점차 기세가 수그러들었지만 한동안 높은 수준에서 머물게 된다.

그런데 1988년부터 2011년까지의 23년간, 미국 대학생 2만 5천여 명을 대상으로 그동안 애착 유형의 비율이 어떻게 변화했는지를 조사한 연구에 따르면, 안정형 애착 유형은 48.98%에서 41.62%로 감소했지만, 디스커넥트 유형에 해당하는 애착 경시형은 11.93%에서 18.62%로 많이 증가했다. 결과적으로 안정형 애착 유형은 거의 디스커넥트 유형이 증가한 만큼 감소했다.[11]

북아메리카보다 디스커넥트 유형의 증가 추세가 더 뚜렷하게 나타난 곳은 유럽(특히 독일, 네덜란드, 북유럽)이다. 여태까지 실시된 애착 유형에 관한 200건 이상의 조사(총 샘플 수 1만여 명)를 집계한 연구[12]에 따르면, 유럽에서는 애착 경시형(디스커넥트 유형에 해당)의 비율이 무려 30%에 달했다. 청년과 학생은 그 비율이 각각 35%, 33%였다. 최근 일본의 대학생을 대상으로 한 조사[13]에서는 디스커넥트 유형의 비율이 28%, 두려움-디스커넥트 유형까지 포함하면 무려 59%라는 결과가 나왔는데, 이것이 실제 감각에 가까운 수치가 아닐까 한다.

에인스워스를 깜짝 놀라게 한 상황은 거우 빙산의 일각일 뿐으로, 디스커넥트 유형의 증가 속도는 더욱더 빨라지고 있는 것이다. 사회 진출과 이혼은 높은 수준에 머물러있어서 변화율로 따지면 이제는 그리 커다란 변동 요인이 아니다. 한편 학대와 방임은 21세기 초까지 계속 증가했으므로 일부 영향을 끼쳤을 가능성이 있다.

참고로 미국의 경우에는 정부가 학대에 강력하게 개입하기 시작하면서 2000년 즈음부터는 학대 건수에도 큰 변동이 없다가 2007년무터는 큰 폭의 감소세로 돌아섰다. 그런데도 2000년대 이후에도 여전히 디스커넥트 유형이 증가한다는 이와 같은 변화의 배경에는 가정환경이나 가족 관계의 변화 이외에 또 다른 환경 요인이 영향을 끼친다고 추측된다.

고도로 발달한 기술이 지배하는 환경에 더 잘 적응하는 특성

이리하여 새롭게 등장한 요인이 바로 정보 환경의 급격한 변화이다.

1950년대 후반부터 미국에서는 텔레비전이 보급되기 시작했다. 이 무렵부터 사람들은 가족이나 이웃의 얼굴을 보기보다 화면을 바라보는 데에 더 큰 관심과 기쁨을 느끼게 된다.

텔레비전이 우리에게 준 충격만 해도 상당했는데, 이후 정보 환경의 급격한 진화는 텔레비전을 시대에 뒤떨어진 유물로 만들어버렸다. 텔레비전 게임, 컴퓨터, 인터넷, 스마트폰 순으로 잇달아 등장한 단말기와 서비스는 더 높은 정보 집적도와 편리함으로 사람들의 생활을 급격히 변화시켰다. 장시간 이와 같은 정보기기들에 탐닉하는 행위는 얼굴을 맞대고 소통할 기회를 앗아간다. 또 일부 특정 신경회로만 혹사함으로써 뇌 기능 저하뿐 아니라 사회성·공감성 저하를 일으킨다는 사실이 밝혀졌다.

뇌는 가소성[4]이 높은 기관이고 어떤 환경에서 어떤 자극을 받으며 생활하느냐에 따라 그 기능뿐 아니라 구조까지 변한다. 이러한 변화는 그 사람의 세대에만 영향을 끼친다고 생각할지 모르나 그렇지 않다.

그들도 머지않아 부모가 되는 때가 오는데, 뇌의 기능이나 구조가 변화함으로써 아이에 대한 관심이나 양육 태도에까지 그 영향이 미치는 것이다. 그 결과, 마땅히 부모에게만 일어나야 할 변화가 다음 세대에서는 부모의 관여 방식을 매개로 그 아이가 태어

---

4. 可塑性. 외부적 요인으로 인한 영구적 변형을 의미하는 물질의 특성으로, 생명체에서의 가소성은 환경 변화에 적응하고 대처할 수 있는 능력

났을 때부터 영향을 끼치게 된다. 만일 부모가 사람보다 화면에 관심을 더 기울인다면 이러한 경향은 육아에 영향을 끼칠 수밖에 없다. 그리고 아이는 부모처럼 딸랑이 대신 정보 단말기를 움켜쥐게 된다.

이뿐만이 아니다. 최근 환경적 작용으로도 유전자가 변화한다는 사실이 드러났다. 에피제네틱스(Epigenetics, 후생 유전학)라고 불리는 제어 원리다. 더욱이 이와 같은 유전자의 변화는 반복해서 일어남으로써 다음 세대로 전달된다. 부모의 행동은 물론 유전자 차원에서 발생한 변화도 아이에게 영향을 끼치는 것이다.

환경은 개체 차원의 유전자에만 영향을 끼치는 것이 아니다. 사실 집단 차원 유전자에 더 큰 영향을 끼친다. 환경은 그 환경에 적합한 유전자를 가진 개체가 자손을 쉽게 남길 수 있게 함으로써 유리한 유전자를 선택한다. 하지만 보통 자연스러운 상태에서는 환경이 물결처럼 변화하기는 하나 일정한 균형을 유지한다. 또 한쪽으로만 변화하지는 않으므로 환경이 유전자를 선택하는 기준도 관대한 편이다. 따라서 진화에는 터무니없이 긴 시간이 소요된다.

하지만 때로는 단기간에 유전자 차원에서 변화가 일어난다. 환경 변화나 인위적 선택으로 특정한 유전자의 우위성이 급속히 증가함으로써 그 유전자를 가진 개체가 증가하는 경우다.

한 예로, 불도그나 요크셔테리어와 같은 견종을 만들어내는 데는 몇 만 년, 아니 몇천 년도 걸리지 않았다. 원하는 특성을 보이는 개체를 인위적으로 선택하면 겨우 몇 세대 만에 매우 개성 넘치는 견종을 만들어낼 수 있다.

최근 발표된 연구[14]에 따르면 젖소의 대표 종인 홀스타인은 1964년부터 40년간 계속 인위적 선택을 받은 결과, 우유의 생산을 늘리는 방향으로 유전자 자체가 변화했다. 현재 인간에게 일어나는 현상도 이와 똑같은 것인지도 모른다.

만일 환경이 디스커넥트 유형에 유리한 방향으로 급속히 변화해 이런 특성을 보이는 사람이 반려자로 선택받는 기회가 늘어 자손을 쉽게 남기게 된다면, 특정 집단에서 디스커넥트 유형의 비율은 점점 높아지게 된다. 고도로 발달한 기술이 지배하는 환경에 더 잘 적응하는 특성이라고 하면 인간이 아닌 사물이나 기술에 대한 친화성일 것이다. 이 유리한 유전자가 디스커넥트 유형의 증가를 초래하는지도 모른다.

그렇다면 디스커넥트 유형은 환경에 적응하지 못한 패배자가 아니라 환경의 선택을 받아 진화의 선두를 달리는 승리자라는 뜻이 된다. 그런데 홀스타인의 사례에는 고민스러운 또 다른 문제가 있다. 우유 생산을 늘리는 유전자 변이의 배후에서 새끼를 늘리는 유전자나 면역과 관련된 유전자가 희생된 것이다. 실제로 홀스타인은 번식력 저하 등의 문제에 직면해 있다.[15]

디스커넥트 유형 역시 사정이 매우 비슷하다고는 하나 이러한 약점을 상쇄할 만큼 유리한 바람이 세차게 불고 있다.

인류는 여태까지 경험한 적 없는 속도로 자신의 환경을 변화시키고 있다. 그중에서도 정보 환경 분야가 가장 급격히 변화하고 있다. 정보량과 통신 속도의 폭발적 증가는 인류의 뇌를 정보 네트워크에 편입시키면서 점차 그 기능과 구조를 바꾼다. 진화라는 개념을 넘은 '초(超) 진화'를 단기간에 일으키려고 한다고 말해도 지나치지 않다. 자연 선택이었다면 수십만 년이 걸렸을 변화가 수십 년이라는 기간에 일어나는 것이다. 그리고 이 격변하는 정보 환경에 적합한 존재로서 디스커넥트 인간형이 선택받으려 하고 있다.

애정의 기대치를 낮춰 안정을 되찾으려는 마음

자폐 스펙트럼증은 디스커넥트 유형보다 신경계 장애가 심하고 일상생활과 사회생활, 직장생활에까지 지장을 주는 질환이다. 유전 요인이 강해서 한때는 80~90% 정도가 유전 요인으로 발병한다고 알려졌지만, 최근에는 뜻밖에 환경 요인과도 관련되어 있다는 사실이 밝혀졌다.

자폐 스펙트럼증 중에서도 지능이나 언어 능력이 저하하지 않는 질환이 아스퍼거 증후군이다. 아스퍼거 증후군은 자폐 스펙트럼증 중에서도 지능과 기억력이 매우 높은 까닭에, 이 질환을 앓는 사람 중에는 연구자나 각 분야의 전문가로 활약하는 사람도 있다. 이러한 타입은 디스커넥트 유형과 일부 겹치기도 한다. 그러나 디스커넥트 유형과 비교했을 때 대개 신경계의 장애가 심하고, 지나치게 예민하거나 똑같은 행동 패턴을 고집하며, 발어(發語)나 구음(적절하게 발음하는 것), 수용적 언어 기능(청해 능력), 운동 능력이나 평형감각, 주의력이나 처리 능력에도 장애를 동반한다. 반면 디스커넥트 유형의 경우 이와 같은 신경계의 장애는 특별히 없지만, 친밀한 대인 관계를 회피하려는 경향이 두드러지는 점이 특징이다.

유럽과 일본에서는 성인의 약 30% 정도를 디스커넥트 유형으로 추정할 만큼 이는 현대인과 매우 밀접한 문제다. 반면 자폐 스펙트럼증의 유병률은 예전에는 1% 미만, 현재 상당히 느슨한 기준으로 진단해도 5% 정도다. 디스커넥트 유형의 유병률이 몇 배나 더 높다.

업무는 문제없이 처리하지만, 결혼 생활을 비롯한 사생활 면에서 원만하지 않은 사람은 대개 디스커넥트 인간형이다. 자폐 스펙트럼증처럼 장애 수준의 문제가 되면 회사생활과 일상생활에 지장을 주거나 불편함을 초래하기 쉽다.

일반적으로 디스커넥트 유형과 자폐 스펙트럼증은 관여하는 요인에 따라 구별된다. 디스커넥트 유형에는 양육 요인이나 정보 통신 환경 같은 환경 요인이 큰 영향을 끼치고, 자폐 스펙트럼증에는 유전 요인이나 주산기(周産期) 갈등 같은 선천적인 생물학적 요인이 크게 관여한다고 본다. 하지만 디스커넥트 유형에도 30~40% 정도는 유전 요인이 관여하며, 반대로 자폐 스펙트럼증에도 환경 요인이 20%, 최근에는 50~60% 정도 관여한다고 주장하는 연구 결과까지 있다.

자폐 스펙트럼증의 혈연자 중에는 가볍기는 하나 자폐증 성향을 보이는 사람이 있어서 뛰어난 재능을 발휘하기도 한다. 이 사람들은 대개 친밀한 대인 관계에 서툴고 대화를 불편해하며 좀처럼 다른 사람의 감정을 헤아리지 못한다.[16] 이러한 특징은 디스커넥트 유형과 많은 부분에서 겹친다.

즉 디스커넥트 유형은 자폐 스펙트럼증의 끝자락 부근에 펼쳐져 있는 셈이다. 디스커넥트 유형은 혈연자 간에 반드시 유전자를 공유하지는 않는다. 때로는 유전자가 없어도 비슷한 증상이 나타난다.

예를 들어 부모가 공감성 저하를 초래하는 특정 유전자를 보유했다면 그 유전자는 25~50%의 확률로 자녀에게 전달된다. 아이는 필연적으로 유전자를 물려받은 것에 따른 직접적 영향뿐 아니라 그 유전자를 가진 부모에게 양육되는 것에 따른 간접적 영향까지 받게 된다. 아이가 똑같은 유전자를 물려받지 않았더라도 그 부모에게 양육되는 상황은 피하기 어렵다.

유전자 그 자체의 영향과 그 유전자를 가진 부모에게 양육되는 영향 중 어느 쪽이 더 강할까. 이 둘을 분리해서 조사하려면 난자를 받아서 임신한 엄마와 난자를 제공한 엄마 중 어느 쪽이 아이에게 더 큰 영향을 끼치는가를 비교해야 한다. 이 방법을 통해 자폐 스펙트럼증과 마찬가지로 발달 장애의 한 종류인 ADHD를 조사한 연구에 따르면, 난자를 제공한 실제 엄마가 아닌 양육한 부모의 ADHD 증상이 아이의 ADHD와 연관되어 있었다.[7]

즉 유전자의 영향이라 생각되는 것은 그 유전자 자체의 영향보다 사실 그 유전자를 가진 부모에게 양육되는 영향 쪽이 더 강했다.

자폐 스펙트럼증에서도 똑같은 상황이 벌어질 가능성이 크다. 공감성 저하를 일으키는 유전자가 없어도 공감성이 부족한 양육을 받음으로써 대인 관계나 공감성에 문제가 생긴다. 자폐 스펙트럼증이라고 부를 정도는 아니나 어쩐지 대인 관계에 서툴고 친밀한 관계를 불편해한다. 부모가 디스커넥트 유형일 때도 마찬가지다. 유전 요인은 직접 관여하지 않지만, 친밀한 관계에 서툴고 정서적 반응이 부족한 부모에게 양육됨으로써 똑같은 성향을 보이게 된다.

이처럼 유전 요인과 양육 요인은 구분하기 힘들 정도로 결합해 있다. 따라서 자폐 스펙트럼증과 디스커넥트 유형 또한 한데 엉켜있는 문제다. 그런 의미에서 둘 다 나란히 증가하고 있다는 사실은 매우 이해가 된다.

물론 유전 요인과 양육 요인이 중첩되기도 한다. 방금 설명한 사례로 말하면 공감성 저하를 일으키는 유전자를 가진 부모에게 태어난 아이 중 25~50%는 유전자와 양육의 이중 영향을 받게 되므로 공감성이 한층 더 떨어진다.

역설적인 말이나 삶에 불편함을 느끼는 정도로만 따지자면, 부모와 똑같은 유전자를 공유했을 때 삶이 더 편하다. 공감성 저하를 초래하는 유전자를 가진 부모 밑에 태어나도 50~75%의 아이에게는 공감성 저하를 초래하는 유전자가 없다. 부모는 둔감한데 아이는 감수성이 예민할 경우, 아이는 불필요하게 상처받거나 잔걱정을 하기 쉽다.

이와 같은 상황에 놓인 아이는 그게 두 가지 반응을 보인다. 하나는 자신도 부모와 똑같이 둔감해져서 상냥함이나 배려를 기대하지 않는 쪽으로 적응해나가는 것이다. 이는 디스커넥트 유형이 생겨나는 전형적인 배경이다.

다른 하나는 세심하지 않은 부모를 수발하며 상처받기도 하고 푸념하기도 하고 때로는 아이가 부모를 지원하기도 하며, 좋지 않은 모범으로 여기면서도 부모와 함께 살아가는 것이다. 이 경우에는 대부분 부모가 아닌 공감성이 강한 다른 존재에게서 마음의 안식처를 찾는다. 이러한 아이는 디스커넥트 유형인 부모 밑에 태어났어도 불안형이 되기 쉽다. 남들보다 배 이상 걱정하고 안색을 살피는 능력 또한 뛰어나다.

그러나 어느 쪽이 안락하냐고 물으면 답은 전자다. 둔감해지는 편이 아이가 상처받지 않을뿐더러 쉽게 안정된다. 후자에서는 불안형뿐 아니라 부모에게 받은 트라우마에서 헤어나오지 못하는 미해결형이 나타나기도 한다.

이러한 까닭에 일시적으로는 불안형이나 미해결형인 인간이 증가하지만, 더 장기적으로는 디스커넥트 인간형이 증가함으로써 균형에 달한다고 추측된다. 모두가 둔감해져서 타인에게 무관심해져야만 문제를 덜 일으키는 것이다. 어떤 의미에서 보면 질 나쁜 화폐가 질 좋은 화폐를 몰아내는 셈이다. 그러나 세상만사는 편한 방법을 선택함으로써 균형 상태에 다다르는 듯하다. 조금 서글프지만, 이것이 현실을 움직이는 원리다.

1990년대 이후에도 큰 폭으로 증가 중인 유형은 디스커넥트 유형이지 불안형이 아니다. 선진국에서는 여성의 사회 진출과 이혼의 증가로 아이의 양육이 뒷전으로 밀리게 되면서 조금 간격을 두고 경계성 인격 장애와 같은 애착 관련 장애가 급증했다. 이 장애들은 특히 불안형이나 미해결형의 증가와 관련되어 있었다.

하지만 현재 북유럽 등에서는 일하는 여성과 홀로 집에 남겨지는 아동에 대한 지원이 충실해지면서 경계성 인격 장애 등이 점차 안정세를 보이고 있다(다른 나라 및 지역에서는 아직 증가하는 추세다). 그러나 실제로 애착 문제가 사라졌다기보다는 더는 애정을 기대하지 않는 디스커넥트 유형이 됨으로써 균형을 유지하려는 것으로 보인다.

즉 응답적 반응이 부족한 환경 탓에 애착이 손상되면 처음에는 더 관심받고 싶은 마음에 과도한 애정을 요구하는 불안형이나 애착의 상처에 괴로워하는 미해결형이 증가한다. 하지만 더욱 사태가 진행되면 애정을 요구하기조차 포기하고 기대치를 크게 낮춰 안정을 되찾으려는 마음에 디스커넥트 유형이 증가한다.

사회 전체로 보면 일시적으로 불안형 애착과 이에 수반되는 애착 관련 장애가 급증하나 점차 디스커넥트 유형으로 이동하고, 디스커넥트 유형에 수반되는 문제가 중심을 이루게 된다.

불안형의 증가는 부족한 애정이나 보살핌을 회복하려는 것이므로 아직 이를 요구할 수 있는 상황이 있다. 이러한 까닭에 불안형은 오히려 풍요로운 사회에서 쉽게 증가하는 듯하다. 그러나 애정이 더욱더 희박해져서 사람들이 마음의 여유를 잃은 상황에서는 애정이나 안심에 대한 기대치를 크게 낮출 수밖에 없으므로 디스커넥트 유형이 되는 사례가 증가하는 것으로 추측된다.

실제로는 디스커넥트 유형 또한 훨씬 이전부터 계속 증가해왔지만, 전체에서 차지하는 비율이 낮았던 탓에 그다지 이목을 끌지 않았는지도 모른다. 그러나 얼마 안 가 디스커넥트 유형과 불안형의 비율이 거의 비슷해졌고, 이후 불안형은 그 비율에 큰 변화가 없는데도 디스커넥트 유형은 계속해서 증가하고 있다.

불안형을 기반으로 하는 경계성 인격 장애와 디스커넥트 유형의 핵심을 이루는 자폐 스펙트럼증을 비교해보면 경계성 인격 장애 또한 아직 심각한 문제지만, 환자 수에서는 역전이 일어났다. 그리하여 예전에는 고작 1% 미만이었던 자폐 스펙트럼증이 지금은 4~5%에 달해, 2~3%로 추정되는 경계성 인격 장애를 뛰어넘었다. 디스커넥트 유형까지 포함하면 유럽에서는 성인의 30%, 어쩌면 일본의 젊은 세대에서는 과반수를 넘보는 상황일지도 모른다.

이 새로운 국면이야말로 훨씬 장기적이고 지속적인 변화의 시작이며, 사회를 바꿔버릴 수도 있다는 것이 이 책의 주장이다.

자폐 스펙트럼증의 증가에는 거의 확실하게 밝혀진 요인이 있다. 바로 늦은 결혼이다. 남녀 모두 늦은 나이에 부모가 되면 아이가 자폐 스펙트럼증을 앓게 될 위험성이 증가한다. 연령 증가에 따른 난자와 정자의 질 저하와도 관련되어 있을 것이다. 반대로 자폐 스펙트럼증의 유전자를 가진 사람이 대체로 결혼을 늦게 할 가능성 또한 있다. 실제로 자폐 스펙트럼증을 앓고 있는 아이의 부모는 대체로 학력이나 수입이 높다. ADHD가 오히려 어린 부모나 사회·경제적으로 소외된 계층에서 유병률이 높은 것과는 대조적이다.

결혼이 늦어지면 자손을 남기기에 불리하다. 따라서 자폐 스펙트럼증이 늦은 결혼과 관련되어 있다면 사회 내의 유병률은 분명 억제될 것이므로 자폐 스펙트럼증이 폭발적으로 증가하기는 어렵다. 실제로 자폐 스펙트럼증 환자 중에는 결혼을 하지 않는 사람도 많아서 자손을 남기는 데 매우 불리하다. 자폐 스펙트럼증이 오랜 기간 사회의 이목을 끌지 못한 데에는 이 질환이 극히 드물게 나타나기도 하지만 자손을 남기기 어렵다는 점도 한몫했으리라. 그런데도 현실 세계에서는 자폐 스펙트럼증이 가파르게 증가하고 있다.

이 상황에 대한 가능성 있는 설명으로는 크게 두 가지가 있다. 하나는 자폐 스펙트럼증은 사실 환경 요인의 영향을 쉽게 받으므로, 양육 환경이나 정보 통신 환경의 급격한 변화 탓에 이런 특성을 보유하는 상태가 증가한다는 가능성이다. 이 경우 자폐 스펙트럼증이 '유전되는 심각한 신경 발달 상애'라는 정의를 충실히 따른다고 가정하면, 승가한 비율은 대부분 자폐 스펙트럼증이라기보다 디스커넥트 유형이라고 불러야 할지도 모른다.

또 다른 설명은 자폐 스펙트럼증의 유전자를 일부 보유해야만 적응하기에 유리한 환경이 확대되고 있는 까닭에 이런 유전자가 선택되었다는 가능성이다. 개체 차원의 적응에 머무르지 않고, 환경이 그 환경에 적응하는 데 바람직한 유전자 변이를 선택하고 집단 수준으로 늘려가는 시스템을 '진화'라고 한다. 여태까지는 진화를 백만 년 단위의 시간적 규모로 일어나는 현상이라고 생각해왔다. 그런데 뒷장에서 자세히 설명하겠지만, 오늘날처럼 환경이 급변하는 상황에서는 진화의 속도가 빨라진다고 추측된다.

디스커넥트 유형의 증가라는 사태는 단지 격변하는 환경에서 발생하는 기능적 적응일 수도 있다. 그러나 자폐 스펙트럼증의 증가라는 유전자 차원의 변화까지 동반한다고 하면, 선택 과정이 집단 차원에서 급속히 진행 중인지도 모른다.

오늘날 많은 현대인이 겪고 있는 어려움은 급속도로 변화하는 환경에 완벽히 적응하지 못한 까닭에 발생하는 부적응 증상이라 할 수도 있다. 그러나 어쩌면 아직 안정된 새로운 진화 수준에 도달하지 못한 까닭에 생겨난 고통일지도 모른다.

진화의 과정은 대부분 막다른 곳에 다다를 운명인 수많은 골목길을 만들지만, 어느샌가 장벽을 돌파한 종이 나타나 안정한 상태에 이르면 새로운 종이 된다. 아니, 우리는 진화의 막다른 골목길조차 돌파하고 새로운 종을 탄생시키는 기술을 손에 넣었다고 말해야 할까.

먼 과거인 지질시대의 변동 흔적을 지표에 노출된 거대한 지층으로서 지금도 눈앞에서 직접 볼 수 있다. 어쩌면 우리는 현재 삶의 한가운데에서 대변동의 순간을 함께 하는지도 모른다. 지질학적 대변동이나 대진화에 필적하는 전대미문의 이벤트이면서, 이를 지극히 밀접한 일상 풍경의 변화로서 실시간으로 체험한다는 놀라운 경험이다. 말하자면 우리는 한없이 광속에 가까운 우주선을 타고 역사라는 시간을 돌진하고 있는 셈이다.

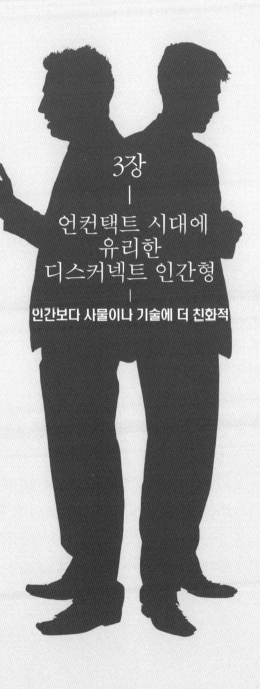

3장
—
언컨택트 시대에
유리한
디스커넥트 인간형
—
인간보다 사물이나 기술에 더 친화적

일단 손에 넣은 문명으로부터 퇴보할 수는 없다

과학자들은 인류의 진화가 과거 약 1만 년 동안 거의 정지 상태였으리라 추측해왔다. 인류는 포유류 중에서도 고도로 진화해 완성된 단계에 도달했으므로 더는 생물학적 진화가 일어나지 않는다는 것이다. 게다가 몇십만 년, 몇백만 년의 규모로 일어나는 진화라는 현상에서 1만 년이라는 시간은 너무 짧다.

그런데도 700만 년 전 아프리카에서 인류가 탄생한 이래, 20개가 넘는 종이 나타났다가 멸종했다고 한다. 그동안 인류의 뇌는 서서히 커졌고, 240만 년 전의 호모 하빌리스 즈음부터 그 기세가 빨라졌다. 호모 하빌리스에서 더욱 진화한 호모 에르가스테르가

180만 년 전에 아프리카를 떠나 전 세계로 퍼져나갔다. 그중에는 어느 정도 번영한 종도 있었지만, 결국 모두 멸망할 운명이었다.

30만 년 전에 출연한 새로운 인류 호모 사피엔스는 전 세계로 흩어져 독자적인 진화를 이룩했던 종이 아니라 아프리카에 머물러 있던 종에서 탄생했다. 그리고 7~8만 년 전에는 아프리카를 떠나 전 세계로 퍼져나갔다.

4만 년 전에 네안데르탈인이 멸종하자 더는 그 지위를 위협하는 경쟁자도 없고, 현생 인류인 호모 사피엔스는 천하를 차지하게 되었다.

인류가 완성된 정상상태[5]에 도달했는지는 둘째치고, 1만여 년 전 빙하기가 끝나자, 이후 계속된 은혜로운 기후 덕분에 인류가 얻을 수 있는 식량이 크게 늘면서 적자생존을 강요하는 자연선택압(壓)이 크게 완화되었을 것으로 추측된다. 도구와 불의 이용, 더욱이 수천 년 전부터 시작된 농경과 목축은 식량을 효율적으로 확보하게 했다. 또 집과 혼인제도에 기반을 둔 사회 시스템은 불필요한 경쟁과 분쟁을 억제하고 식량이나 토지뿐 아니라 배우자가 될 여성을 어느 정도 공평하게 분배하게 했다. 이로써 선택압은 더욱더 낮아졌다. 체격이나 체력, 능력이 뛰어나지 않아도 풍요롭고 안정된 공동체 또는 풍족한 가정에 태어나면 살아남아 자손을 남길 기

---

5. 定常狀態, 생체의 활동이 동적 평형을 이루는 상태. 유체의 흐름및 열 물질 이동 따위의 동적 현상에서 각 상태를 결정하는 여러가지 상태량이 시간상으로 변하지 않는 상태를 의미

회 또한 충분했다.

따스한 기후와 함께 문명, 그리고 호혜적인 사회 경제 시스템의 성립이 적자생존이라는 원칙을 유명무실하게 만들었고 선택 압력을 약화했다. 그 결과, 여태까지는 진화다운 진화가 일어나지 않았으므로. 고대 이집트인과 현대인 모두 인류학적으로 보았을 때 눈에 띄는 차이가 없으리라 생각해왔다.

그러나 그레고리 코크란(Gregory Cochran)과 헨리 하펜딩(Henry Harpending)이 2009년에 출간한 『1만 년의 폭발The 10,000 year explosion』(김명주 역, 글항아리, 2010)은 이 같은 정설에 이의를 제기했다. 처음에 코크란과 하펜딩은 각각 물리학과 사회과학을 전공했지만, 이후 인류 통계학과 유전학 분야로 전환해 '유전역사학'이라 불리는 학문을 세우고자 했다. 그 성과를 정리한 책이 바로 『1만 년의 폭발』이다.

코크란과 하펜딩은 인류의 진화가 완만하게 이루어지기는커녕 지난 1만 년간, 발상 이래 7백만 년간 일어났던 진화보다 백 배나 급속히 이루어졌다고 주장한다. 현대인은 고대 이집트인이나 메소포타미아인과 비교했을 때 신체적·정신적은 물론 유전학적으로도 다르다는 것이다.

예전에는 기후 조건이나 지리적 환경, 다른 생물 종의 위협과 먹이 사슬, 그리고 이에 따른 식량 사정 등, 진화에는 자연환경이 가장 큰 압력이었다. 그런데 코크란과 하펜딩은 1만 년 전을 경계로 스스로 창조해낸 문명이 인류를 둘러싸는 가장 중요한 환경이 되었다고 주장한다.

인류는 자연환경의 변화에 적응하는 것 이상으로 자신이 만들어낸 도구나 언어, 불과 같은 문화적·도구적 환경에 적응해야 할 필요에 직면했다.

예컨대 불의 발견과 조리 기술은 부드러운 음식을 먹을 기회를 늘렸고, 치아와 턱을 점점 작게 만들었다. 또 목축을 시작하게 되면서 사람은 수유기가 끝난 후에도 소나 양의 젖을 마시게 되었다. 우유를 소화하려면 락타아제라는 젖당 분해 효소가 필요하다. 그러나 본디 락타아제는 수유 기간이 끝날 무렵에는 작용하지 않는다. 그런데 돌연변이를 일으켜 몇몇 사람이 수유 기간 후에도 락타아제가 작용하는 변이 유전자를 가지게 되자 이 유전자가 급속히 퍼져나갔다. 이 유전자를 가진 사람이 생존에 유리해졌기 때문이다. 하지만 오늘날에도 락타아제가 부족해서 우유를 마시면 설사를 하는 사람이 있다.

그리고 코크란과 하펜딩은 유전학적으로도 인류의 진화 속도가 백 배나 빨라지고 있다는 근거로서 2007년에 발표된 위스콘신대학교 인류학부 호크스 연구팀의 논문 「인류의 적응적 진화의 최근의 가속」[8] 을 제시한다.

침팬지와 사람의 DNA 염기 서열을 비교하면 그 차이는 거우 1% 정도다. 다른 부분은 침팬지와 사람이 갈라진 후에 생겨난 변이인 셈이다. 변이는 시간과 함께 점차 사라지지만 유용한 변이일

수록 보존되어 점차 확산하므로, 그 배열이 어느 정도 보존되었는가, 얼마나 자주 출현하는가를 조사하면, 이 변이가 일어난 때가 최근(최근이라고 해도 수천 년 전이지만)인지, 아니면 몇백만 년이나 전인지를 알 수 있다

이 방법으로 조사해본 결과, 1만 년쯤 전부터 유용한 변이가 일어나는 횟수가 그때까지의 백 배에 달할 만큼 급증했음이 밝혀졌다. 그리고 그 시기는 인구가 급증하는 시기와 정확히 일치했다. 호크스 연구팀은 빙하기가 끝나고 인구가 급증하면서 동시에 문화적·생태학적 환경 변화로 인해 인류의 적응적 진화가 빨라졌다고 결론지었다.

빙하기 이후의 안락한 생활 환경이 선택압을 줄이기는커녕 인구의 급증을 일으킴으로써 오히려 선택압을 크게 높였다는 말이 된다. 코크란과 하펜딩은 저서 『1만 년의 폭발』에서 호크스 연구팀의 결론을 토대로 이 주장을 더욱 발전시켰다. 그들은 진화를 가속한 최대 요인은 언어의 획득이고, 더 나아가 농업의 시작이 여기에 박차를 가했다고 주장한다.

목축과 농업이 시작되기 전과 비교했을 때, 농업이 널리 정착되어 축적된 부가 도시나 대제국을 만들어낸 1만 년 동안 유럽 인구는 백 배쯤 늘었다. 인구의 증가는 생존 압력이 되어 바람직한 변이를 가속했고 진화 속도를 백 배 이상이나 앞당겼다. 인류는 단순히 문화적으로 진보했을 뿐 아니라 유전자 차원에서도 진화했다

는 것이 호크스 연구진, 그리고 코크란과 하펜딩이 내린 결론이었다.

　정착 생활과 인구 증가는 도시에 문화를 꽃피게 했다. 그러나 동시에 인류에게 새로운 과제를 잇달아 들이밀었다. 생산량이 폭발적으로 증가했지만 인구 또한 폭발적으로 증가했고, 여기에 국가의 수탈까지 더해지는 바람에 서민의 생활 수준은 개선되지 않았다. 또 인구 밀도가 증가함으로써 위생 상태가 악화하고 전염병이 유행했다.

　단백질과 비타민이 풍부했던 수렵채집인의 식생활과 비교해 탄수화물에 치우친 농부의 식사는 포만감을 주었지만, 영양 문제를 초래했다. 비타민 결핍증을 비롯한 갖가지 영양 장애로 고통받은 탓에 체격 면에서는 신장이 10cm 이상 작아졌다. 결국, 서민이 기아나 전염병으로 죽음으로써 겨우 인구 밀도가 조절되는 상태였다.

　농업이라는 기술의 획득은 종 전체에 번영을 가져다주었다. 하지만 개인 차원에서 봤을 때 풍족함이나 행복이 증가하지는 않았다. 말하자면 농업이라는 기술은 자유롭게 마음에 드는 곳에 살고, 영양학적으로 균형이 잘 잡힌 음식을 섭취하며, 누구에게도 지배받지 않고 동물을 비롯한 자연과 공존했던 낙원을 앗아가 버렸다.

　이후 인류는 기술이 당장 인간의 생활을 풍요롭게 해줄지라도 개인의 풍요로움이나 행복으로 이어지지는 않는다는 사실을 반복해서 체험한다. 그러나 일단 손에 넣은 문명으로부터 퇴보할 수는 없다. 삶이 아무리 가난하고 비참하더라도 살아남기 위해서는 계속 앞으로 나아가야만 한다.

이러한 가혹한 상황 또한 인류에 대한 추가적인 선택압이 되어 적응적 변이를 늘리는 요인, 즉 진화를 촉진하는 요인이 되었다. 신장이 작아진 것도 적응하기 위한 변화의 하나로 추측된다. 농경 생활에서는 큰 키가 수렵 채집 생활 만큼 도움이 되지 않았다. 오히려 아담한 체구가 에너지 효율이 더 높으므로 좁은 장소에서 정착 생활을 하기에 적합하다. 피부가 하얘진 것도 적응적 변이의 결과라고 한다. 태양 빛을 조금이라도 피부에 도달하기 쉽게 함으로써 부족한 비타민D를 보충하려 한 듯하다. 탄수화물을 주식으로 할 경우에는 혈당치 상승을 막는 변이를 가지는 것이 생존에 유리하다. 실제로 농업의 시작과 시기를 같이 하여 이 변이가 퍼지기 시작했다.

오랜 기간 농업 국가였던 지역에는 농업 생활에 쉽게 적응하도록 하는 유전적 형질이 퍼졌을 것으로 보인다. 그 형질 중 하나는 온순함과 강한 인내심, 그리고 근면함이다. 신기성(新奇性) 탐구나 ADHD와 깊이 관련되어 있다고 여겨지는 도파민4 수용체의 다형(多型, 출현 빈도가 높은 유전적 변이를 다형이라고 한다)은 중국을 포함한 동아시아 지역에서 극단적으로 적다. 반대로 유목민이나 수렵 채집인에서는 그 빈도가 높다. 일반적으로 신기한 자극을 추구하는 기질은 좁은 토지에 매인 농경 생활에 맞지 않는다. 통치자 역시 반항적이고 내일을 생각하지 않으며 규칙을 지키지 않는 자들을 싫어하므로 계속해서 온갖 제재를 가한다. 그 결과, 강한 신기성 탐구 유전자를 가지는 것이 농경 사회에서 자손을 남기는 데 불리하게 작용한 듯하다.

이 도파민4 수용체의 다형(多型)은 무질서형이라 불리는 가장 불안정한 애착 유형의 위험 유전자이기도 하다.[19] 코크란과 하펜딩은 눈치채지 못한 듯하지만, 이 유형의 유전자 다형(多型)이 극히 낮았던 덕분에 동아시아의 농경 사회는 안정된 애착 사회를 이룰 수 있었던 셈이다. 농경 사회가 안정형 애착을 키우고 뒷받침했을 가능성을 보여주는지도 모른다.

수렵채집인은 사냥감을 공유해야 했으므로 부를 축적하기 어려웠다. 그러나 농부는 자신의 토지와 작물을 지키지 않으면 굶어 죽게 될 운명에 처한 동시에 잉여 생산물을 비축할 수도 있었다. 따라서 자신의 토지나 재산에 집착하는 동시에 이를 지키고자 질서를 중요시했고 강한 권력의 지배를 환영했다. 근면하게 일하고 인색하게 축재에 힘쓴 덕분에 토지나 재산을 불리는 성공자가 나타났다. 심지어 축적된 부는 새로운 계층과 산업을 탄생시키기도 했다.

계산의 필요성과 지능

부를 축적하는 데 성공한 사람 중에는 장사나 무역, 금융과 같은 비즈니스로 더 큰 성공을 거둔 사람도 있었다. 부가 부를 낳아 점차 커다란 자본이 형성되자 이 자본을 운용·관리하기 위한 새로운 기술과 직업이 탄생한다. 문자나 숫자, 산술, 장부를 다루는 기술을 가진 사람들이 전문가로 활약하게 되었고 법률이나 선례에 관한 지식도 특권 계급만이 독점하는 전문 지식, 교양이 되었다. 인류는 언어의 획득에 그치지 않고 어려운 기호를 다룸으로써 방대하고 복잡한 정보를 관리하고, 미래를 예측하며, 어려운 사업을 계획적으로 수행하게 되었다.

이러한 일이 가능해진 배경으로는 분명 언어적, 수리적 능력의 비약적인 향상을 들 수 있지만, 여태까지는 이러한 변화를 문화적 진보로 보았을 뿐 생물학적 진화로 보지는 않았다. 반면에 코크란과 하펜딩은 유전자 차원의 변화를 수반하는 생물학적 진화 덕분에 가능해졌다고 생각한다.

영국에서 발견된 450년 전과 650년 전의 유골을 현대인의 유골과 비교해본 결과, 이 수백 년 사이에 이마 부분이 15%나 크고 길어졌다는 사실이 드러났다. 이마 부분에는 전두엽이 들어간다. 현대인의 전두엽은 수백 년이라는 아주 짧은 시간에도 눈에 띄게 커진 것이다. 이와 호응하듯이 최근에 발견된 새로운 변이 중에는 중추신경계의 성장이나 발달과 관련된 것이 많다. 이 변이들이 지역적으로 국한된 사실로 보아 생겨난 지 아직 얼마 되지 않은 듯하다. 오늘날에도 이와 같은 변이가 예전보다 더 자주 일어난다면, 이는 뇌 신경계에 가해지는 강한 선택압을 반영한다는 뜻이리라.

그런데 이것이 더욱 뚜렷한 형태로 집단 차원에서도 나타난다고 한다. 코크란과 하펜딩이 주목한 집단은 아슈케나지계 유대인이다. 그들은 살던 터전을 빼앗기고 전 세계에 흩어졌는데, 이주한 곳곳마다 배척과 탄압을 받는 바람에 유전적으로 고립된 집단이 되었다. 아슈케나지계 유대인은 처음에 교역으로 자본을 축적했지만 머지않아 오로지 고리대금업만을 생업으로 삼게 되었다. 금융업으로 성공하려면 숫자나 문자를 다루는 능력이 뛰어나야 한다. 유전적으로 격리된 집단이 이러한 선택압을 받게 되자 적응에 유리한 변이가 효율적으로 축적되었다.

그리하여 천 년이라는 짧은 기간 동안 아슈케나지계 유대인의 지능지수는 다른 민족의 평균 지수보다 12~15점이나 높아졌다. 아이큐가 140 이상 되는 매우 뛰어난 능력을 지닌 사람의 비율이 다른 민족보다 몇십 배나 높은 것이다. 그 결과, 과학사의 중요한 발견은 대부분 지극히 소수의 유대인에 의해 이루어졌다. 코크란과 하펜딩에 따르면 2007년까지 과학 관련 노벨상을 받은 미국인의 4분의 1 이상이 아슈케나지계 유대인이라고 한다.[20]

하지만 지능의 상승이란 이 진화에는 희생이 뒤따랐다. 신경계의 원활한 작용을 위해서는 시냅스라 불리는 신경 세포 간의 결합부가 활발히 만들어지거나 축삭 또는 수상 돌기 같은 신경 섬유의 성장이 양호해야 한다. 그러나 그 정도가 지나치면 신경계에 질환이 생기는데, 아슈케나지계 유대인에는 테이 · 삭스병[6](Tay-Sachs disease)이나 니만 · 피크병[7](NiemannPick disease)과 같은 선천적 신경 질환의 비율이 비정상적으로 높다.

지능을 높여야만 살아남는다는 선택압이 가해지는 가운데, 신경계 질환에 걸릴 리스크란 대가를 치러서라도 높은 인지 기능을 얻으려 한 결과로 풀이된다. 이런 장애를 얻게 될 리스크를 짊어지더라도 높은 지능을 가지는 것이 민족이 생존하고 자손을 남기는 데 유리했던 것이다.

아슈케나지계 유대인의 지능 상승은 천 년이라는 시간적 규모에서 일어난 현상이었다. 하지만 디스커넥트 인류의 탄생은 이보다 더 짧은 시간적 규모인 겨우 2, 3세대, 백 년도 채 안 되는 시간에, 하나의 민족이 아닌 여러 개의 근대 국가를 포함한 광대한 지역에서 이미 그 변화가 관측되고 있다. 이러한 의미에서 훨씬 유례

---

6. 당과 지질 성분으로 구성된 강글리오사이드라는 성분의 축적으로 인해 중추신경계의 점진적인 파괴를 유발하는 지질 침착 질환

7. 인지질의 일종인 스핑고미엘린(sphingomyelin)과 2차적으로 콜레스테롤이 뇌 · 간 · 지라(비장) 등에 축적되는 유전적 질환

없는 사태인 셈이다.

진화의 속도라는 점에서는 백 배에서 이제는 천 배의 속도로 더욱더 빨라지는 중이라고 생각하면 좋을 듯하다. 진화는 거의 폭발이라고 할 만한 상태로, 누구도 경험하지 못한 종착점을 향해서 돌진하는 것일까.

IT혁명과 호모 데우스

이와 같은 우수한 유대인 중 한 명인 유발 하라리(Yuval Noah Harari)는 자신의 저서 『호모 데우스』(김명주 역, 김영사, 2017)에서 코크란과 하펜딩의 『1만 년의 폭발』을 직접 언급하지는 않지만, 『호모 데우스』에는 이 책에서 주장하는 내용과 겹치는 부분이 많다.

하라리는 인류의 앞을 가로막던 세 가지 과제, 기근, 전염병, 전쟁이란 재앙을 인류가 제어하게 되었다는 가정하에 『호모 데우스』를 시작한다.[21] 로켓탄이나 폭탄 테러가 때때로 시민의 생활을 위협하는 이스라엘에 살면서 이렇게 전제한다는 사실이 매우 놀랍다. 더 나아가 하라리는 오늘날 새롭게 등장한 인류의 새로운 과제가 영원한 젊음과 생명을 손에 넣는 것이라고 주장한다.

불멸은 오래전부터 사람들의 소망이었는지도 모른다. 그러나 현재 불멸은커녕 한창 젊은 나이에 자기 몸에 상처를 내고 죽는 것이 가장 큰 구원이라며 자살을 시도하는 사람과 매일 만나는 나로서는 그의 낙관론에 너무나도 단순한 SF적 환상을 진실이라고 잘못 해석해버린 듯한 위화감이 든다. 하지만 하라리가 그리는 인류의 미래상은 이와 같은 주장을 전제로 시작된다.

이 부분은 확실히 근거 없는 공론이나, 하라리의 필력과 엄청난 데이터의 힘에 어느새 그 전제의 허무함을 잊고 계속 읽게 된다. 책에서 구글이 불사를 실현하는 작업에 진지하게 착수하기 시작했다고 이야기하면, 그 작업이 정말로 실현 가능한지는 잊어버리고 우리 현대인은 신빙성이 높다고 느끼게 된다. 이는 정보의 마법이다.

의학계에 종사하는 사람이라면 대부분 영원히 죽지 않는 세포가 있다는 사실을 안다. 죽지 않는 세포주(cell line)가 계속 배양되지만, 세포가 영원히 사는 것과 한 인간이 영원히 사는 것 사이에는 무한한 장벽이 있다. 만일 영원히 살 수 있다고 해도 나는 모든 사람이 자살로 생을 마감하게 되리라고 확신한다. 영원한 생명은 영원한 지옥과도 같다. 적어도 여태까지의 공감형 인류에게는 말이다. 만일 영원한 생명을 지옥으로 느끼지 않는 사람이 있다면 그 사람은 분명 디스커넥트 인류다. 아마 하라리도 디스커넥트 인류의 한 사람이리라.

하라리는 만일 인생이 150년이라면, 40살에 아이를 낳은 여성은 120살이 되었을 때, 육아를 인생에서 '아주 사소한 사건'으로 기억하게 될 것이라고 주장한다. 그러나 자신을 위해서만 살게 된 사람에게 대체 행복이란 무엇일까? 하라리는 쾌락이 행복을 보증해주지는 않는다는 에피쿠로스와 석가의 사상을 떠오르게 한다. 이와 동시에 물질적으로는 훨씬 풍요로워진 오늘날 자살률이 비정상적으로 높다는 현실에도 주목한다. 역설적이지만 복지가 탄탄하고 GDP도 높은 선진국에서 자살률이 높다. 쾌락이나 열락(悅樂)을 듬뿍 준다고 해서 해결될 문제가 아니라는 사실을 하라리 자신도 자각하고 있다.

그러나 쾌락을 한없이 제공함으로써 행복을 얻으려는 것이 과학적 해결책이다. 그 궁극적인 해답은 불멸을 손에 넣는 동시에 '영속적인 쾌락을 즐기게 되는 것'이며, 이렇게 인류를 변화시키는 것이다. 이에 반영된 가치관이나 사상을 하라리는 '인본주의'라고 부르고, 그 종착점은 '신성'을 손에 넣는 것, 즉 인류가 신이 되는 것이라고 주장한다.

호모 사피엔스의 등장으로 지질학적 연대 등이 무의미해질 만큼 인류가 환경을 가공하는 시대에 돌입했다. 현생 인류인 호모 사피엔스가 '역사'에 등장한 약 7만 년 전 이후, 지구의 역사는 '갱신세(Pleistocene)', '완신세(Holocene)'로 구분되는데, 하라리는 그보다 '인류세'라 불러야 한다고 주장한다. 인류가 과거의 기상이나 지각변동, 천재지변이 끼친 영향보다 더 큰 영향력을 행사하게 되면서 생태계를 인간에게 유리한 쪽으로 바꿔버리게 된 까닭이다.

하라리는 그 한 가지 예로 지구에 서식하는 대형 생물의 90% 이상을 인류와 인류가 기르는 가축이 차지하게 된 점을 꼽는다. 오늘날 백수의 왕 사자, 인류보다 훨씬 몸집이 큰 코끼리나 기린은 동물원과 동물 보호 구역에서만 볼 수 있다. 인간에게 미움받은 동물, 반대로 모피나 상아로 인해 사랑받은 동물도 역시 멸종이란 아픔을 겪었다. 모든 동식물의 생존은 자연 선택에 맡겨졌고 자연 선택으로 종이 진화하기도 했지만, 오늘날에는 자연이 아닌 인류가 종을 선택한다. 인류가 불을 질러 쫓아내거나 죽이는 등 직접 손을 쓰는 행위뿐 아니라 아무 의도 없이 들여온 외래생물이나 바이러스가 순식간에 원래 서식하던 생물들을 멸종시켜 생태계를 바꿔버렸다.

인류가 자연에 우월권을 쥐게 된 결정적 사건은 농경이나 목축을 통해 자연을 적극적으로 이용하기 시작한 농업혁명이었다. 인류는 그때까지의 수렵채집인과는 달리 자연이나 동물을 자신의 소유물로 다루기 시작했다. 수렵채집인에게는 동물과 인간이 동등한 위치에 있었지만, 오늘날 동물은 인류의 삶을 지탱해주는 존재가 되었다. 수렵채집인은 평등주의자로 동료와 평등하게 지냈지만, 농업이 시작되면서 상하 관계와 지배 계급이 생겨났다.

그리고 농업혁명과 발맞추어 신을 모시는 종교도 발전했다. 농업혁명 이전에는 신이 자연물 자체에 깃들어 있다고 믿어 자연을 숭배의 대상으로 여겼다. 그러나 농업혁명 이후 신은 사람과 사람이 아닌 생명체 사이의 질서를 지배하는 존재로 숭상받게 되었다. 사람과 닮은 신은 사람에게 호의적이었으나 때때로 신이 정해놓은 질서를 어지럽히면 분노하기도 했다. 신의 분노를 누그러뜨리려 인간은 동물을 제물로 바쳤다. 일본의 시인이자 작가인 요시모토 다카아키의 말을 빌리면, 결국 신은 질서를 가져오기 위해서 인류가 만들어낸 공동 환상인 셈이다. 하라리는 이를 명백히 '허구'라고 부른다.

농업혁명으로 인구는 폭발적으로 증가했다. 촌락은 머지않아 도시가 되었다. 그러나 상대방의 얼굴을 기억하고 친밀한 관계를 유지할 수 있는 범위는 최대 150명이라고 한다. 친밀한 신뢰 관계에 의손하는 사회성이란 능력은 많아야 수십 명 정도의 집단이었던 수렵채집인 시대에 진화했다. 하지만 수렵채집인 시절 습득한 능력으로는 대처하기 힘들 만큼 사회 구조가 복잡하고 거대해지면서, 커다란 집단을 통솔하기 위한 허구가 필요해졌다. 그 허구는 법률이기도 하고 성전이기도 하며 추상적인 관념이기도 하나, 현실에 없는 관념인데도 그 집단 구성원에게 강한 지배력을 행사한다. 이 공유된 허구가 세상에 의미를 부여하고 거대해진 인류 집단을 움직이게 되었다.

그리고 과학혁명 이후 인류를 통솔하는 허구란, 인간은 신과 같은 힘을 손에 넣어 무슨 일이든 할 수 있는 가장 중요한 존재라는 인본주의였다. 신이 부여한 질서나 의미가 아닌 자신의 자유 의지나 감정이 결정권과 의미를 지니게 된 것이다.

그러나 전지전능한 힘을 손에 넣어 신을 대신하는 것은 신이 정한 질서가 약속해준 의미를 상실하는 것이기도 하다. 인류는 자신이 창조주임을 증명하기 위해서 끊임없이 창조해야만 하는 운명이 되었다. 게다가 거기에는 명확한 증거가 없으므로 단지 힘을 계속해서 증명할 수밖에 없다. 다시 말해 성장이나 발전을 위해서 맹렬하게 계속 달릴 수밖에 없게 되었다.

그런데도 자신의 자유 의지로 선택하고 행동하는 것에 비로소 의미가 있다고 믿고자 했다. '유권자가 가장 잘 안다'라든가 '소비자가 가장 잘 안다'라는 등, 대중의 자유 의지에 가장 큰 신뢰를 두는 사고방식은 곧 하라리가 말하는 '인본주의'의 발현이다. 인본주의는 자신의 감정이나 자유 의지에 따라 솔직하게 살아가는 데 가치를 두므로, 사람들은 이렇게 살아가기 위해서는 새롭고 자극적인 경험을 통해 감성을 갈고닦음으로써 자신을 높여야 한다고 생각하게 되었다. 그리하여 예술, 철학, 문학은 물론 삶의 방식이나 삶을 즐기는 방식, 상품과 서비스 또한 인간의 감정과 자유 의지를 추구하게 되었다.

그러는 사이에 인본주의는 파시즘과 사회주의라는 두 개의 변이체를 낳았고, 한때는 인간 개인의 감정과 자유 의지보다 사회 전체의 감정과 의지가 우선시되기도 했다. 하지만 효율성 면에서 우위에 있는 자유 경쟁 사회가 승리를 거둠으로써 개인의 자유 의지에 가장 큰 가치를 두는 인본주의는 전 세계 통일 종교가 되었다.

그런데 이 종교가 가장 중점을 두는 자유 의지란 것이 애초에 의심스러워지는 사태가 발생한다. IT혁명이 일어나자 인간보다도 AI(인공지능)나 구글이 개개인을 더 잘 알고 개개인의 문제를 더 적절하게 판단하게 되었다. 우리가 자유 의지라고 생각했던 것도 단순한 정보 조작의 결과에 지나지 않는다. 사람들은 인터넷에 의해서 욕망과 감정을 자극받은 채 자동으로 움직일 뿐이다.

호모 사피엔스가 자신의 지혜와 자유 의지로 모든 일을 판단할 수 있다는 신뢰는 크게 흔들렸고 이제는 단지 환상이 되고 말았다. 민주주의도 마찬가지다. 인간의 지유 의지에 낣심으로써 끊임없이 어리석은 잘못을 범하였을 뿐 아니라 독재와 전쟁을 낳았다.

게다가 앞으로 인류는 손에 넣은 기술과 AI의 능력 탓에 일자리를 빼앗긴 '쓸모없는 계급'을 떠안게 된다. 숙련된 기술 또한 AI의 알고리즘으로 대체된다. 이제는 누구도 인간이 그 지혜로 가장 올바른 판단을 내릴 수 있다고 믿지 않는다. 인간에게 맡기는 행위는 위험하며 잘못될 우려가 있으므로 중요한 일일수록 AI나 로봇이 처리하는 시대가 곧 도래하는 것이다. 현재 '인본주의'는 별안간 인간의 자유 의지에 대한 신뢰라는 지축을 잃어버리고 붕괴하려하고 있다. 인간의 자유 의지야말로 위험하고 위태로우며 실수의 근원이 된다. 아니, 인간 자체가 쓸모없는 장물로 변한다. 의미가 없는 것은 물론이고 둘 곳이 없고 처치 곤란한 대형 쓰레기가 되려

하고 있다.

유발 하라리의 미래 예상도

쓸모없는 계급은 아무런 할 일이 없다. 하라리에 따르면 그들에게 남겨진 일은 약물과 컴퓨터 게임일지도 모른다.

인간이 과학의 힘을 이용해 신과 똑같은 힘을 발휘할 수 있다고 믿었던 시대는 막을 내리고, 방대한 정보를 다룸으로써 어리석은 인간을 조작하고 순식간에 정확한 판단을 내리는 AI에게 모든 중요한 결정을 맡기는 시대가 온다. 그들은 처음에는 단지 친절한 안내자일 뿐이지만, 머지않아 전폭적인 신뢰를 얻게 되면 만물을 지배하는 군주를 대신할 것이라고 하라리는 말한다.

이런 세상에서는 정보가 가장 중요하므로 막대한 정보를 다루는 자가 가장 큰 힘을 얻게 된다. 하라리는 이 새로운 계급이 세상을 통솔하는 종교를 '데이터교'라고 부른다. 그리고 AI에 의해 관리되는 데이터교의 세상에 군림하는 사람이 일부 엘리트 집단인 호모 데우스라고 말한다. 호모 사피엔스를 뛰어넘는 존재가 AI를 관리하는 권한을 독점하고 지배 계급을 형성하는 것이다.

업그레이드된 이 새로운 인류는 신체 능력, 인지 능력 면에서도 기존의 인류와는 다른 특성을 보유하게 된다. 의학은 아픈 사람을 치료하기 위한 학문이 아닌 장수와 싱싱하고 완벽한 육체, 높은 지능, 지칠 줄 모르는 정신과 같은 특성을 누릴 수 있도록 사람들을 업그레이드하기 위한 학문이 된다. 그러나 의학의 은총을 가장 많이 누리는 쪽은 일부의 특권 계층으로, 이와 같은 특권 계층과 쓸모없는 계급과의 사이에는 단기간에 원숭이와 사람 만큼의 차이가 발생할 것이다.

한편 쓸모없는 계급이 된 사람들은 과거 인간과 대등한 동물이었던 소나 양이 가축화되어 고기와 젖을 효율적으로 짜내기 위한 도구로 취급받으며 감정 기능을 잃어졌듯이, 사회 속에서 노동자의 역할을 잃게 됨으로써 점점 퇴화하게 된다. 그리하여 쓸모없는 계급으로 살아가는 데 불필요한 능력을 점차 잃어버리게 될 가능성이 있다고 한다.

물론 하라리는 이렇게 말하지 않았지만, 아슈케나지계 유대인의 지적 능력 향상 속도에 가속도가 붙는다면, 그들이야말로 호모 데우스의 지위에 가장 가까운 존재가 될지도 모른다.

만물을 데이터 처리 시스템으로 간주하는 데이터교의 종착점은 모든 것이 국제적인 데이터 처리 시스템의 일원이 되는 것이다. 인간 개개인도 단말기의 데이터 처리 시스템에 지나지 않지만, 더욱 상위의 데이터 처리 시스템에 접속되어 관리를 받는다.

개개인의 인간은 의미가 없으며 거대한 데이터 처리 시스템에 연결된 것만이 '의미'를 준다. 무언가 의미가 있다는 듯이 말이다. 각자가 마음에 들어 할 만한 '의미'라는 허구를 데이터 처리 시스템이 마련해주는 것이리라. 개인의 생각이나 감정은 데이터 처리 시스템으로 표현되어 공유될 때만 비로소 의미가 있다. 하지만 이것을 움직이는 것은 의식도 의미도 없는 알고리즘이다.

하라리의 미래 예상도는 여기에서 끝난다.

인류의 삶 그 자체가 자연환경을 대신해 진화를 낳는 원동력이 되었다는 코크란과 하펜딩, 호크스의 발상을 두고 하라리는 인류만의 진화가 아니라 지상 모든 생물의 생존과 진화까지 좌우하는 압도적인 존재가 되었다고 주장한다. 신이 지상을 불태우고 홍수로 휩쓸어버렸듯이 인류가 신을 대신하여 신과 똑같이 행동하게 되었다는 것이다.

예전에는 진화를 추진하는 것이 자연이고 자연을 통솔하는 존재가 신이었다면, 지금은 인류가 자연이나 신을 대신하여 선택권을 쥐고 있다. 그 힘은 과학의 진보로 더욱 압도적인 것이 된다. 오늘날 동물은 고기나 젖을 효율적으로 생산해내는 공장으로서 기능하는 톱니바퀴 중 하나일 뿐이며, 인류에게 불리한 '해충'은 인정사정없이 말살된다. 실제로 인류는 작정하기만 하면 지상의 살아 있는 모든 생물을 몇 번이고 멸종시킬 힘을 손에 넣었다. 선택 따위가 무슨 의미가 있을까. 인류만이 선택할 수 있다. 인류에게 사랑받은 종은 번영하고 그 인기가 사그라지면 갑작스럽게 그 자취를 감춘다.

하라리는 그 밑바탕에서 세상을 움직이는 사상이 바로 인간이 곧 신이라는 인본주의라고 말한다. 진화에 있어서 인류 자체가 환경으로써 선택에 영향을 미친다는 코크란과 하펜딩, 호크스의 생각은 하라리에 이르러 인류가 신처럼 모든 것을 좌우한다는 생각에까지 도달한다.

하지만 그 인류도 자신이 만들어낸 정보 처리 기술에 의해 자신의 지위를 빼앗기게 된다. 고도로 진화한 정보 처리 기술은 AI만 제어할 수 있게 되어 그 AI가 문제를 일으키거나 폭주했을 때는 극소수의 전문가만 대처할 수 있다. 인류는 AI에 직업을 빼앗겼지만, 기본 소득 덕분에 먹고 사는 데 지장이 없는 일반 시민과 특별한 능력이 있어서 AI를 매개로 세계를 조종하는 일부의 슈퍼 엘리트 집단으로 계층화한다.

애플이나 구글을 좌지우지하는 엘리트가 정보의 바다에 빠져 허우적대는 거의 모든 대중을 지배하는 오늘날의 상황을 그저 다르게 표현한 것인지도 모른다. 이는 예언이라기보다 현실이다.

문제는 이와 같은 상황에서 어떤 인류가, 그리고 어떤 사회가 탄생할 것인가란 점이다. 그리고 이 문제를 생각할 때 생물학적 존재의 토대를 지탱하는 애착 시스템에 어떤 일이 일어나고 있는지가 결정적 의미를 지닌다.

간과된 가장 중요한 문제

하라리가 인류의 역사, 특히 미래의 역사를 묘사할 때 가볍게 취급해 거의 무시하는 점이 바로 애착 시스템의 문제다. 인류가 고도 정보화 사회에서 살게 되었을 때, 인류의 애착 시스템이 어떻게 변화할지는 호모 데우스가 된 엘리트 집단이 쓸모없는 계급을 지배하는 세상이 도래한다는, 선민사상이 농후한 역사관보다 더욱 절실하고 현실적인 문제다. 생물학적으로 인류의 존립을 생각했을 때, 애착 시스템의 변화는 인류 본연의 모습을 근본에서부터 바꿔버릴지도 모르는 까닭이다. 게다가 이것은 디스커넥트 인간형의 증가라는 눈에 보이는 변화로서 우리의 눈앞에 바싹 다가와 있다.

애착 시스템이 중요한 이유는 이것이 애정 생활과 육아뿐 아니라 몸과 마음의 건강이나 삶의 의미와도 관련된 시스템이기 때문이다. 하라리는 집단에서 공유되는 '허구'가 의미를 부여한다고 주장한다. 그러나 애착 시스템이 무너지면 어떤 허구도 공유되지 못하며 살아가는 의미조차 점점 사라지게 된다.

20세기 중반 이후의 역사에서 인류가 기근이나 전염병, 전쟁을 그 이전보다 훨씬 능숙하게 제어하게 되었다고 말하기는 어렵다. 하지만 가령 이것들을 능숙하게 제어하게 되어 불멸을 진지하게 꿈꿀 만큼 풍요로운 사회가 실현되었다고 해도, 많은 사람이 스스로 목숨을 끊는 실제 상황을 어떻게 이해해야 할지에 더욱 관심을 기울여야 하지 않을까. 아무리 풍요로워져도 삶 자체가 의미를 잃어버린다면 신과 같은 전지전능한 힘도 모든 문제에 최적의 답을 가르쳐주는 AI도 아무런 도움이 되지 않는다.

실제로 인본주의가 지배한 세상에서 많은 사람이 불행하다고 느끼고 살아갈 의미를 잃는다. 데이터교는 그들로부터 삶의 의미를 더욱더 앗아가리라. 데이터교는 동물적인 보살핌을 매개로 한 결합인 애착 시스템과 양립하지 않는 까닭이다.

최후의 승자로 여겨지는 호모 데우스는 삶의 의미를 가지게 될까? 스스로 신과 같은 존재가 되었을 때 과연 그들이 행복할지 의문이다.

빅데이터가 제시하는 최적의 해답과 고통을 없애고 기쁨을 주는 의료 기술이 그들을 고뇌에서 자유롭게 해줄까?

고민이나 마음의 상처가 있어도 그것을 TMS(경두개 자기 자극법) 같은 물리적 처치나 유전자 조작을 통해 기술적으로 제거할 수 있다면, 더는 고뇌 따위 없는 세상에서 행복하게 계속 살아갈 수 있을까?

적어도 공감형 인류인 한은 어려울 것이다. 공감형 인류는 살아가기 위해서 자신에게 고통을 주려고 몸에 상처를 낼지도 모른다. 생활이 아무리 쾌적하고 만족스러워도 그들은 항상 무의미함과 싸워야 할 것이다. 예상치 못한 순간에 덮쳐오는 죽음의 충동에 자신을 던져버릴지도 모른다.

공유된 허구가 의미를 주려면 그들이 타자와 어떤 형태로든 관계를 맺어야만 하는 까닭이다. 그리고 애착 시스템이야말로 이를 가능케 하는 유일한 시스템이다. 따라서 만일 무의미함으로 고민하지 않아도 된다면 그때는 그들이 애착이라는 시스템을 완전히 퇴화시키고 이 시스템에서 탈피한 디스커넥트 인류가 되었을 때이다.

아이큐를 12~15점 올리기 위해 치러야 할 대가가 테이·삭스병이나 니만·피크병의 증가라 해도, 그리하여 27명 중 1명이 테이·삭스병의 열성 유전자를 보유한다고 해도, 자연 상태에서 발병할 확률은 0.2% 정도이고 실제로는 출생 전 진단으로 발병률을 크게 줄일 수도 있다.

한편 디스커넥트 인류를 만들어내는 기세는 그 속도가 빠르고 규모도 커서, 아슈케나지계 유대인의 지능 진화를 훨씬 능가한다. 따라서 여기에는 훨씬 심각하고 엄청난 규모의 부작용이 뒤따르게 된다.

애착이 급격히 희박해져서 육아에 지장을 초래하기도 하고 육아 그 자체를 회피하게 됨으로써 점차 다양한 애착 관련 장애가 엄청난 규모로 증가할 것이다. 과연 이것은 디스커넥트 인류가 탄생하기 위한 산고의 고통일까, 아니면 파멸의 서곡일까.

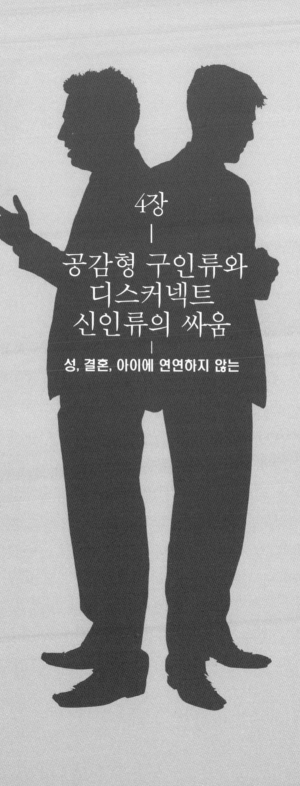

4장
—
공감형 구인류와
디스커넥트
신인류의 싸움
—
성, 결혼, 아이에 연연하지 않는

소진화와 대진화

어떤 형질을 지닌 개체가 나타나고 그 형질이 생존에 유리할 경우, 그 형질은 점차 그 종 전체로 퍼져나간다. 그리고 그 종은 조금씩 변화해나간다. 이것은 '소진화'라고 하는 변화의 과정이다.

반면, 전혀 새로운 종이 탄생할 만큼 비약적이고 커다란 변화는 '대진화'라고 한다. 현대의 진화 이론은 대진화가 일어나는 이유를 해명해 주지 못한다.[22] 변이가 무작위로 생겨나고 생존에 유리한 변이를 자연이 선택한다는 주류의 진화 이론(네오다위니즘이라고 한다)으로는 소진화가 왜 일어나는지는 명쾌히 이해되지만, 대진화가 왜 일어나는지는 이해되지 않는다. 아마도 급격한 환경 변화나 일부 집단의 장기적 고립이 중요한 요인이라고 추측된다. 종이 갈라지려면 더는 교잡이 일어나지 않을 만큼 유전자에 변이가 생겨야 한다.

잘 알려진 대로 갈라파고스 제도나 오스트레일리아에서는 서식하는 동물이 독자적인 진화를 이룩한 결과, 다른 곳에서는 보기 힘든 고유종이 생겨났다. 다만 지리적 격리로 종이 갈라지려면 상당히 오랜 세월이 필요하다. 수만 년 단위의 시간은 너무 짧아서 때로는 5백만 년이나 지리적으로 격리되었는데도 종이 달라질 정도까지는 진화하지 않는 사례도 있다.

현생 인류는 지리적으로 흩어져, 각각 유럽, 동아시아나 뉴기니, 아메리카대륙, 오스트레일리아대륙에 진출했다. 아메리카대륙에 진출한 아메리카계 원주민과 유럽대륙에 신출한 유럽인이 다시 만난 때는 콜럼버스가 아메리카대륙을 '발견'해 스페인 사람이 건너왔을 때다. 수만 년이란 시간적 공백이 있었지만, 그래도 그들은 성교를 통해 자손을 낳았다. 다른 종이 되기에 수만 년 정도의 격리는 너무 짧았던 것이다.

그러나 만일 수십만 년 후에 재회했다면 이제 유전자가 너무 달라서 성교는 가능해도 자손을 남기기는 어려웠을지도 모른다.

어느 쪽이든 지구의 반대편조차 단 하루도 걸리지 않는 오늘날, 지리적 격리는 일어날 수가 없다. 그런 의미에서 대진화는 일어나기 어렵다는 것이 상식이었다.

현생 인류가 네안데르탈인에게 승리를 거둔 이유

　언어를 획득한 인류는 큰 무리를 이룰 수 있었는데, 사회적 지성 가설에 따르면 오히려 순서가 반대다. 집단의 규모가 커지면서 복잡한 커뮤니케이션을 가능하게 해주는 언어 능력과 타인의 기분을 알아차리거나 의표를 찌르는 사회적 능력이 진화되었다고 한다.

　실제로 현생 인류와 네안데르탈인의 한 가지 뚜렷한 차이점은 현생 인류 쪽이 언어 능력이나 도구를 다루는 능력이 뛰어난 덕분에 커다란 무리를 이룰 수 있었다는 점이다. 학자들은 네안데르탈인 쪽이 체격 면에서 더 건장하고 운동 능력과 시각 능력 또한 뛰어났으리라고 추측한다. 그러나 현생 인류는 높은 언어 능력을 매개로 한 공동 작업이나 집단 통제, 기술력이나 지식의 계승 및 축적 덕분에 인구가 늘어서 무리의 규모가 커졌는데도 이 무리를 유지할 수 있었다. 결과적으로 수렵채집인 사이에 벌어진 세력권 다툼에서도 유리해진 것 같다.

　최근까지 수렵채집인은 평화주의자로, 세력권을 둘러싼 분쟁은 좀처럼 일어나지 않았으리라고 추측했지만, 최근 케냐에서 세력권 다툼 때문에 살해된 것으로 보이는 유골이 27구나 발견되어 주목을 받았다.[23] 폭력에 의한 사망으로 의심되는 유골이 10%를 넘는다며, 수렵채집인 사이에서도 다툼이 적지 않았다고 주장하는 연구자도 있다.[24] 한편, 일본에 살았던 수렵채집인인 조몬인에게는 이와 같은 외상을 입은 유골이 겨우 1.8%밖에 없고 대규모 전투의 흔적도 발견되지 않았으므로, 적어도 조몬인은 평화로운 삶을 살았던 듯하다.[25]

유럽에 진출한 현생 인류가 조몬인처럼 온화한 타입이었는지, 케냐에서 발견된 유골처럼 용맹한 타입이었는지는 알 수 없다. 그러나 직접적이든 간접적이든 네안데르탈인의 식량 공급원을 서서히 빼앗았고, 결과적으로 네안데르탈인을 멸종의 위기로 내몰게 되었을 것이다.

하지만 약 7만 닌 선에 아프리카에서 뒤늦게 진출해온 호모 사피엔스가 네안데르탈인과 중동에서 조우했을 때, 세력권 다툼에서 패해 후퇴해야만 했던 쪽은 호모 사피엔스였다. 그러나 5만 년쯤 진에 다시 두 인류가 중동에서 맞닥뜨렸을 때는 승자와 패자가 뒤바뀐다.

그 후 호모 사피엔스는 유럽, 동아시아, 뉴기니, 북아메리카에까지 진출하지만, 유럽에 퍼져있던 네안데르탈인은 앞서 이야기한 사정으로 3만 9천 년 전에 멸종한다.

그렇다고는 해도 멸종에 이르는 드라마는 수천 년이라는 오랜 시간 동안 천천히 이루어졌던 듯하다. 멸종에 이르는 동안 네안데르탈인과 현생 인류 사이에 교잡이 일어났다는 사실도 밝혀졌다.

그 결과 우리 현생 인류의 유전자에는 네안데르탈인에게 물려받은 유전자가 2% 정도 포함되어 있다.

학자들은 네안데르탈인에게 물려받은 유전자 중에는 극한성 등, 생존에 유리한 유전자도 남아있으리라고 추측한다. 그러나 더 높아도 좋을 법한 이런 유전자 비율이 겨우 2%밖에 되지 않는 까닭은 네안데르탈인의 유전자가 그 후 농경 사회에서 근대 공업사회에 이르는 오늘날까지 살아가는 데 유리한 면보다는 불리한 면이 강했기 때문으로 보인다.

우리 호모 사피엔스는 네안데르탈인을 대신해 지상을 제패했다. 하지만 그 우위성이나 차이는 처음부터 그렇게 결정적이지 않았다. 아주 미세한 차이가 오랜 시간 동안 결정적인 운명의 차이를 가져왔다.

종의 테두리 안에서 작은 변이를 축적하면서 변화를 이룩해나가는 소진화와 종을 뛰어넘어 다른 종이 생겨나는 대진화. 코크란과 하펜딩, 호크스 같은 학자가 주장하는 진화는 소진화로, 새로운 종이 갈라져 나오고 탄생하는 진화가 아니다. 그러나 소진화가 축적되어 인류의 뇌 용적이 폭발적으로 커졌듯이, 소진화로 어떤 능력이 크게 높아지거나 반대로 퇴화할 수는 있다. 그것은 종의 분화 이상으로 강한 영향을 주는 새로운 종의 탄생이라 해도 좋겠다. 소진화에서도 중요한 변화가 일어나는 것이다.

한편 종의 분화는 앞에서 설명했듯이 지리적 격리 같은 요인

때문에 더는 교잡이 일어나지 않거나, 혹은 교잡이 일어나도 자손을 남기지 못하는 상황에서 일어난다.

그러나 반대로 지리적으로 격리되지 않은 상황인데도 비교적 간단히 종이 분화되기도 한다. 이를 동소적 종 분화라고 한다. 빅토리아호수에 서식하는 시클리드라는 물고기는 불과 1만 5천 년 동안 무려 5백 개 종으로 갈라졌다.

의사소통이나 번식 행위 등에서 작은 변화가 일어났을 뿐인데도 교잡에 방해가 되면 다른 종이 태어날 가능성이 있다는 의견도 있다. 대진화 또한 생김새와 능력이 전혀 다른 종이 별안간 나타난다는 생각은 적절하지 않다. 의외로 하찮은 변화가 점차 커다란 분화로 이어진다.

공감형과 디스커넥트 유형의 차이는 실로 의사소통이나 번식 행위와 크게 관련되어 있다. 이것은 언뜻 소소한 차이로 보이지만 이러한 차이 때문에 종이 분화한다고 해도 이상하지 않다. 양자 사이에 단지 대화나 연애, 섹스가 성립하지 않는다는 이유만으로도 몇십 세대쯤 후에는 전혀 다른 종이 될지도 모른다.

이처럼 진화란 한 가지 변이로 느닷없이 전혀 새로운 종이 탄생하는 것이 아니다. 오히려 작은 변이가 축적되어 커다란 차이를 만들어내는 과정이다. 다만 이 변이가 생식이나 구애 행동과 관련된 변이일 때는 작은 차이로 보였던 것이 생식적 격리를 낳아 어느새 종의 분화로 이어지게 되는 듯하다.

이와 같은 작은 변이는 끊임없이 발생한다. 이 변이가 치명적인 변이라면 개체가 자손을 남기기도 전에 사망하므로 곧 사라지게 된다. 또 특별한 의미가 없는 중립적인 변이일 때도 시간과 함께 희미해져 결국 사라져버린다. 하지만 그 변이가 유리하게 작용할 때는 집단에 퍼져나가 오랫동안 남아있게 된다.

결국, 당시의 환경에 적합하고 생존에 유리한 변이가 살아남음으로써 진화가 진행된다. 유전적 차이라고 해도 유형의 차이 같은 것으로, 보통은 둘 다 각각의 비율로 병존한다. 어느 한쪽만 남지는 않는다. 이와 같은 유전적 변이를 다형(多型)이라고 하는데, 이러한 다형(多型)은 무수히 많으며 의미가 없는 다형(多型)도 많지만 때로는 특성의 차이를 낳기도 한다.

예컨대 좁은 의미의 자폐증 같은 상태도 원인이 되는 다형(多型)은 무수히 많다. 몇 가지 불리한 변이나 다형(多型)이 중첩되면 심각한 장애가 되지만, 이러한 다형(多型)이 한두 개쯤 있다고 해도 아주 약간 사교성이 떨어진다거나 목소리 억양이 잘 조절되지 않아서 노래를 못한다는 등, 사소한 부분에서 차이가 날 뿐이다.

다형(多型) 유전자 하나가 환경에 따라 유리하거나 불리하게 작용하고, 환경이 변해서 특정 다형(多型)이 유리해지면 이 다형(多型)이 점차 증가한다.

일반적으로 유전자는 환경 변화에 따라 변화하므로, 환경이 바뀌면 정반대의 변화가 일어나기도 한다. 그런데 현생 인류에게 이전과는 완전히 다른 사건이 일어났다. 유전자의 변화가 환경을 바꿔버리는 역전 현상이 일어난 것이다.

그때까지도 유전자의 변화에 맞춰서 환경을 바꾼 적은 있었다. 하지만 그 의미는 유전자에 변화가 일어나서 그에 적합한 환경을 선택했다는 의미였다. 예를 들면 직립보행은 아직 인류가 숲에서 생활하던 무렵에 시작되었지만, 직립보행이 가능해짐으로써 숲에서 나와 초원에서 생활한다는 선택지가 생겼다.

그러나 호모 사피엔스는 자신에게 맞는 환경을 선택하는 것이 아니라, 말 그대로 환경을 바꿔버렸다. 그 결정적인 예로 불과 도구의 사용이 꼽히나, 그중에서도 결정적이었던 사건은 농업의 시작이었다. 농업은 자연을 제어함으로써 성립한다. 인류는 자연의 은혜를 입는 데서 그치지 않고 자연을 조종함으로써 스스로 자신이 살아갈 환경을 바꾸기 시작했다.

더욱이 인류는 자신이 바꾼 환경에 의해 유전자가 변화한다는 긍정적인 피드백을 얻었다. 생물의 세계에서는 변화가 하나 일어나면 반드시 그것을 상쇄하려는 듯한 변화가 일어남으로써 균형을 유지한다. 특정한 종이 증가하면 그 종의 먹잇감이 되는 종이 줄어듦으로 결국, 증가한 종도 감소하는 것이다. 생명이든 생태계든 균형을 유지하려면 부정적인 피드백이 기본이다. 농업의 시작은 유전자와 환경의 균형을 무너뜨렸다. 이후 인류의 진화는 폭발적인 프로세스에 돌입하게 된다.

농업혁명에 이어서 일어난 산업혁명은 짧은 기간에 사회의 구조와 환경을 급격히 변화시켰지만, IT혁명은 훨씬 짧은 기간에 정보 환경을 급격히 변화시킴으로써 우리의 신경계(neural network)를 새롭게 바꾸려고 한다.

이것은 새로운 진화이다. 게다가 여태까지 경험해본 적 없는 초진화가 일어나고 있다. 이와 맞먹는 사건으로는 백악기 말기, 지상에 사는 생명 종의 70% 이상을 사라지게 하고 공룡을 멸종시킨 소행성 충돌이 꼽힐 정도다.[26]

46억 년의 지구 역사에서 이와 같은 대멸종은 여태까지 다섯 차례 일어났는데, 인류는 이미 이와 맞먹는 규모로 다른 종을 말살하고 있다. 수천만 년 후 지층을 조사한 지질학자가 종이 급격히 감소한 여섯 번째 시기를 우리가 살았던 완신세로 추정하지 않을까.

인류라는 종이 멸망하지 않는 한, 대량 멸종은 도저히 멈출 기미가 보이지 않는다. 인류는 '욕망에 집착해서 멸종할 것인가', 아니면 '살아남기 위해서 탐욕을 버릴 것인가'라는 양자 선택의 갈림길에 서 있다. 하지만 호모 사피엔스는 도저히 탐욕을 버린다는 어려운 임무를 해내지 못할 듯하다.

호모 사피엔스는 '지혜로운 사람'이 아니라 '호모 아바루스(탐욕스러운 사람)'라 불려야 할지도 모른다. 미래의 디스커넥트 인류는 완신세에 번영했던 호모 사피엔스를 탐욕을 조절하지 못하고 대량 멸종을 일으킨 장본인이자 악마의 씨 같은 존재로 회고하리라.

애착 시스템과 이데올로기의 싸움

인류의 역사를 살펴보면 부모와 자식 또는 가족 같은 애착을 기반으로 한 관계를 극복하고, 이를 국가나 이데올로기라는 이념으로 치환하려는 시도가 있었다.

선인들은 제2차 세계대전 전의 군국주의와 파시즘, 공산주의가 지배한 사회, 그리고 이와는 정반대처럼 보이는 시민 혁명이나 민주주의를 지키려는 투쟁에서조차 자신이 숭고하다고 여기는 이념이나 보편적 이상을 위하여 사랑하는 특정 개인과의 관계나 생명, 재산을 희생하는 데에서 의미를 찾았다.

하지만 이는 애착 시스템의 속박으로부터 자유로워지려는 시도이기도 했다. 종종 이상을 내건 '혁명'이나 '정의의 투쟁'이 교활한 지배와 파괴로 모습을 바꿨다. 그러나 이 또한 보편적 이상이라고 부르는 것이 본질적으로 애착의 유대를 부정하는 측면을 내포한다고 생각하면 필연적 결과인지도 모른다.

예컨대 프랑스 혁명은 자유와 평등을 목표로 봉건 체제를 붕괴로 몰아넣고, 단숨에 이상적 사회를 실현하려 한 대대적인 실험이었다. '인간은 태어나면서부터 자유와 평등의 권리를 가진다'라는 제1조의 유명한 문구로부터 시작되는 '인간 및 시민의 권리 선언', 이른바 인권선언은 이후 근대 시민 사회를 구축해가는 데 근간이 되는 이념으로 계승되었다.

이러한 이념을 실현하기 위해 혁명의 기세를 빌림으로써, 정치, 사회, 문화의 모든 측면에서 과감한 혁명이 단숨에 완수되려던 참에, 그 저항 세력으로서 가톨릭교회가 공격의 대상이 되었다. 혁명 세력인 급진파는 신과의 유대를 매개로 삼아 가족의 유대와 이웃 사랑을 바탕으로 하는 사회 안정을 꾀했던 가톨릭이 고루한 관념에 대중을 옭아매어 사회 혁신을 방해한다는 이유로 가톨릭을 눈엣가시처럼 여겼다.

가톨릭 대신에 그들이 세우려 한 종교는 자유・평등과 합리주의에 기반을 둔 이성교(理性敎)였다. 비기독교 교화 운동이 열기를 띠면서 지역마다 차이는 있었으나 프랑스 전체로 퍼져나갔다. '신'이나 '사랑'이 아닌 '자유', '평등', '법', '국가' 등이 숭배해야 할 이념이 되었다. 노트르담 대성당에서는 '이성의 제전'이 집행되었고 교회는 '이성의 신전'으로 바뀌었다. 심지어 사제 중에도 새로운 종교로 '개종'하는 자가 적지 않았다. 성직자는 사람들을 현혹한다는 이유로 사제복을 입는 것도 금지되었고, 사람들이 교회에서 예배하는 것도 금지되었다.[27]

이와 동시에 학교 제도가 확립되었다. 당시에는 귀족이나 부유층의 자제만 교육을 받을 수 있었고 서민은 그 기회에서 배제되어 있었다. 박탈된 교육의 기회가 격차를 낳고 평등을 방해한다는 사실은 명백했다. 그러므로 대중에게 학교에서 교육받을 권리를 평등하게 부여하고 학교에서 자유와 평등을 토대로 하는 새로운 국가 이념을 철저히 교육하면, 이상적인 사회가 실현되리라고 생각한 것이다. 이와 같은 시책은 비록 일부 지역이기는 하나 실행에 옮겨졌다. 하지만 예산과 사회 자본이 부족한 데다가 정치도 불안했던 탓에 곧 좌절되었다.[28]

그러나 누구보다 새로운 이념과 학교에 저항했던 사람은 민중이었다. 민중은 자유, 평등, 박애와 같은 이념이나 합리적 사고보다 자신에게 익숙한 교회나 가족과의 관계에 집착했다.

예상치 못한 역풍 속에서 낡은 집착을 끊어내고 시대를 움직인 것은 '혁명'이라는 이름의 폭력이었다. 왕과 왕비를 단두대에 세워 처형하고, 혁명에 반대하는 깃처럼 보이는 자에게는 차례차례 제재를 가했나. 구타당해서 죽거나 일제히 체포되어 숙청되는 비이성적인 폭력의 연쇄 속에서 전통적 가치관과 함께 사람과 사람과의 관계 또한 갈가리 찢어졌다.

애착이 불안정한 상황이 만들어짐으로써 사회는 더욱 불안정해졌고, 근대화를 향해 움직일 토대가 마련된 것이다. 심지어 혁명의 본질적 의미는 폭력으로 애착이 불안정한 상황을 만들어내는 데 있었는지도 모른다.

하지만 이러한 '혁명'은 사람을 행복하게 하기보다 훨씬 불행하게 만드는 데 기여했다. 그것은 '혁명'이 변질하여 바람직하지 않은 방향으로 폭주해서가 아니라 혁명이 지향하는 가치를 현실 인간과의 관계보다 상위에 놓는 것 자체가 애착 시스템이라는 인간의 유대를 뒷받침하는 시스템을 짓밟아버리는 본성을 지니기 때문인지도 모른다.

혁명은 애착 시스템을 향한 선전포고

이와 같은 관점에서 말하면 자유, 평등, 박애와 같은 슬로건을 내건 근대의 시민 혁명은 애착이라는 인간 사회의 토대를 이루는 시스템에 대한 파괴적인 선전포고이기도 했다. 자유는 물론 훌륭한 이념이지만, 젖먹이를 둔 엄마가 아이로부터 해방되어 자신의 즐거움을 찾거나 애인과 데이트할 자유를 어떻게 양립시켜야 할까. 아이를 내버려 두고 놀러 나가는 엄마는 자유라는 권리를 충실히 행사한 셈이 아닐까.

박애라는 고상한 이상조차 아이에게는 그야말로 민폐일 뿐이다. 박애란 모든 사람을 평등하게 사랑하는 것이지만 애착은 특별한 존재를 귀여워하는 것이다. 양자는 상반되는 측면을 가진다.

이 숭고한 슬로건은 자녀나 가족을 위해 시간과 힘을 사용하기보다 사회를 위해서 더 많이 공헌하기를 요구한다. 실제로 보육사나 간호사는 자기 아이에게 들이는 시간의 몇 배를 남의 아이에게 들인다. 게다가 이 슬로건은 차별하지 말고 자기 아이에게든 남의 아이에게든 골고루 시간을 들이라고 요구한다. 나치 독일의 국가사회주의와 소련의 공산주의 혁명 모두 부모와 가족보다 국가와 사회가 우선이라고 철저히 교육했다. 숭고한 이념을 위해서라면 부모를 고발하고 죽음으로 몰아넣는 일조차 칭송받았다.

이 실험들이 무참한 실패로 끝났다는 사실이 의미하는 것은 무엇일까. 단지 애착 시스템의 관점에서 보았을 때, 인류 그 자체의 생존을 뒷받침해주는 근본 시스템을 파괴하려는 시도는 절대 오래가지 않음을 실제로 증명한 것일까.

제아무리 숭고한 이념일지라도 인류는 애착 시스템에서 등을 돌린 채 그 새로운 이념이 토대가 되는 제도를 오래 유지하지 못했다. 결국, 인류는 열기가 식으면 사랑하는 사람과 자녀를 위해서 답답한 이데올로기나 고상한 이상을 내팽개쳐왔다. 적어도 여태까지는 말이다.

산업화가 초래한 애착 시스템의 붕괴

수렵채집인은 토지에 집착하지 않는다. 하지만 가족이나 그 집합체인 부족을 기본 단위로 행동하므로, 혈연자들 사이에 유대와 협력을 키웠다. 매일 그날 먹을 식량을 구해야 했던 수렵채집인은 먹을 수 있는 양 이상을 원하지 않았다. 문화 인류학적 연구에서도 수렵채집인의 특징으로 평등주의와 공평한 분배에 기초를 둔 사회 형성을 꼽는다.

반면, 농부는 정착하여 자기 손으로 경작한 땅에 집착하게 된 동시에 가족이 아닌 사람과 마을을 형성하게 되었다. 이로써 혈연을 뛰어넘는 지연이 생겨났고 사람들이 협력 관계를 맺는 규모도 더욱 커졌다. 땅이나 자원을 둘러싸고 마을끼리 싸움이나 전투를 하게 되면서 지연을 기반으로 하는 공동체 의식이 발전했다.

상업이나 수공업이 시작되면서 도시가 생겨났고, 이와 동시에 농지에서 떨어져서 생활하는 새로운 도시 주민이 탄생했다. 도시는 농촌보다 유동성이 높아서 지연과 혈연으로 신뢰 관계를 유지하기가 어려웠으므로, 법률적 계약이라는 관계 맺기 방식을 발전시켰다. 애착 시스템과는 다른, 법적인 계약이나 제도에 토대를 둔 관계가 애착 시스템을 대체한 것이다.

도시화와 산업화는 이런 흐름을 가속했다. 여태까지 함께 일하는 동료이기도 했던 가족은 단지 아이를 키우고 안락함을 얻는 장소로 특화되어, 그 기능의 일부를 상실했다.

이러한 변화는 매우 합리적으로 보이지만, 부모와 아이만으로 이루어진 핵가족이 행복과 안락함을 제공하는 장소였던 시대는 그리 오래가지 않았다. 역사적으로 보면 한순간에 끝나버렸다.

이유는 무엇일까. 가장 큰 이유는 맞벌이가 일반화되어 여성도 사회생활을 하게 되면서, 가족이 육아의 장소도 아니고 휴식의 장소도 아닌, 어중간한 기능밖에 수행하지 못하게 되었기 때문이다. 이 무렵부터 애착 시스템은 제 기능을 잃어버렸다. 아이와 부모, 부부관계에도 쉽게 균열이 생기게 된 것이다.

수렵채집인이었던 수백만 년의 시간은 물론이고 농부가 된 이후의 수천 년 동안 생활의 토대를 지탱해온 가족의 결속은 고작 100년 혹은 200년 사이에 변질되기 시작했고, 겨우 수십 년이라는 짧은 기간에 급속하게 무너지기 시작했다.

애착 시스템 붕괴에 적응하는 디스커넥트 인간

애착이 희박해지고 부모도 너무 바빠 아이를 돌볼 시간이 없자, 이와 같은 상황에 적응하기 위해 디스커넥트 유형의 아이가 생겨났다. 디스커넥트 유형의 아이는 따뜻한 애정이나 극진한 보살핌을 기대하지 않고 스스로 어떻게든 하려고 한다. 다른 사람에게 보살핌을 받지 않는 대신 자기만 생각한다. 공감받은 적이 없으므로 다른 사람에게 공감하지도 않는다. 남은 남이고 나는 나다.

그들은 성장하여 디스커넥트 유형의 어른이 되었다. 디스커넥트 유형 어른의 육아는 더욱 담백하고 합리적이다. 번거로운 수고는 최대한 생략하고 자신의 인생을 가장 우선했다. 아이는 애정 부족 탓에 애정 장애를 앓든지, 아니면 애정 장애를 피하는 유일한 길인 디스커넥트 인간형이 된다. 이로써 1세대 후에는 디스커넥트 유형의 어른이 더욱 증가한다. 몇 세대만 위의 주기를 반복해도 사회에는 눈에 띄게 디스커넥트 유형 인간이 증가한다.

하지만 사회의 상황이나 가치관이 변해서 사람들이 돈벌이와 일보다 육아와 가정을 우선하게 된다면, 또다시 디스커넥트 유형 아이가 줄고 안정형의 비율이 회복되는 가역적 변화일 뿐일지도 모른다.

혹은 디스커넥트 유형은 연애와 섹스에 대한 의욕이나 기술의 부족함, 다른 사람과 어울리기보다 일을 선호하는 경향, 만혼화와 비혼화, 육아보다 게임을 좋아한다는 등의 특성 때문에 자손을 남기는 일에도 적극적이지 않으므로, 일시적으로 늘어도 결국 줄어들 운명이라고 볼 수도 있으리라. 그런데 인류 역사에 한 획을 긋는 또 다른 사건이 일어나 디스커넥트 인간형의 증가라는 사태를 가속하는 동시에 가역적으로 만들려 하고 있다. 바로 IT혁명이다.

IT혁명으로 빨라지는 디스커넥트 유형

하라리는 IT혁명을 두고, 인본주의를 구가했던 인류를 만능 옥좌에서 단순한 데이터 단말기로 끌어내림으로써 주체성을 빼앗아, 결국 인간을 국제적인 데이터 처리 시스템의 노예로 만들어버렸다고 평가했다.

그러나 생물학적으로 IT혁명의 가장 중요한 의미는 뇌 신경 회로를 재구성하는 동시에 애착 시스템을 완전히 변화시켜 버린다는 점이다. 정보 처리 시스템인 뇌는 무한한 정보에 접속할 수 있는 네트워크에 매료되면 시간도 잊을 만큼 여기에 빠져든다. 그러나 이것은 현실 속 인간관계를 희박하게 하고 정서적 교류나 친밀한 관계를 잃게 만든다. 극적인 변화는 편리하고 즐거움에 가득 차 있으므로 장점만 있을 듯하지만, 1~2개월이라는 짧은 시간 안에 사람의 행동이나 생활을 급변하게 만드는 힘을 가진다.

머지않아 행동뿐 아니라 감정이나 인지 차원에서도 변화를 일으켜, 년 단위, 세대 단위의 세월이 흐르면 점차 뇌 구조 자체나 유전자 차원에서 변화가 일어나게 된다. 그리고 그 영향을 가장 많이 받는 것은 바로 육아나 아이의 발달, 그리고 애착 시스템이다.

부모는 스마트폰 화면을 자녀의 얼굴보다 더 자주 본다. 아이는 항상 자신이 아닌 무언가를 보는 부모를 쓸쓸한 마음으로 지켜

보면서 자란다. 가뜩이나 바쁜 부모는 자녀 곁에 있을 때도 아이를 볼 시간을 뺏긴다. 사랑하는 존재를 바라보고 시선을 교환하면 옥시토신이란 호르몬 물질이 분비되어 애착이 강해진다. 하지만 스마트폰을 보는 부모의 뇌 속에서는 옥시토신이 아니라 흥분도를 높이는 신경전달물질인 도파민이 나온다. 슬롯머신 앞에 앉아서 대박이 기대되는 화면에 푹 빠진 부모에게는 옆에 우두커니 서 있는 아이가 안중에도 없듯이, 자녀를 신경 쓸 겨를 따위는 없다.

방임이 더욱 심각해지면 디스커넥트 유형 아이는 점점 늘어난다. 부모가 방치한 아이들은 부모에게 받은 스마트폰으로 게임을 하거나 과격한 동영상을 보면서 무료함을 달랜다. 아이들 또한 뇌에 옥시토신 대신 도파민을 내보내서 기분을 달래는 것이다.

이렇게 자란 아이는 애착 시스템이나 공감 시스템이 발달하지 않은 채 어른이 되고, 이와 관련된 유전자는 메틸화란 현상을 일으켜서 그 유전자의 발현을 억제하게 되는 듯하다. 메틸화가 일어나면 그 유전자는 발현되지 않는다.

디스커넥트 유형 어른은 어떤 식으로 육아를 하게 될까. 결국, 사용하지 않은 유전자에는 변이가 계속 축적되기만 하므로 점점 유전자의 기능을 잃어버릴 것이다.

IT혁명은 바쁜 부모로부터 방치당한 사람, 남편이나 아내로부터 보살핌을 받지 못하는 사람, 만남이 없는 외로운 사람이 늘어나 디스커넥트 유형이 사회에 퍼지기 시작한 바로 그때 일어났다. 마치 가뭄에 단비처럼 폭발적인 지지를 얻은 인터넷과 IT 기기가 금세 사회에 침투한 까닭은 시대가 원했기 때문이다. 이는 디스커넥트 인류를 더는 되돌릴 수 없는 불가역적 영역으로 밀어낸 순간이기도 했다.

밀도 조절 측면에서 본 디스커넥트 인간

디스커넥트 유형이 증가하는 요인에 양육 환경과 정보 환경의 급격한 변화가 관여한다는 사실은 틀림없다. 하지만 또 한 가지 가능성으로서 인구 폭발이나 도시화에 따른 인구 밀도의 증가기 성향을 끼쳤을지도 모른다.

이미 알려진 대로 다양한 생물 종에는 밀도 조절이란 메커니즘이 존재한다. 개체 수가 늘어나 단위 면적 당 밀도가 높아질수록 개체 수의 증가가 점점 억제되는 현상이다. 유한한 식량을 둘러싸고 종 안에서 경쟁이 심해져서 점점 자손을 남기기 어려워지는 생태학적 조절은 물론 형질이나 유전자 차원에 변화가 일어나서 생식 활동 등이 억제되기도 한다.

파푸아뉴기니 가잉(Ngaing)족의 인구 데이터를 분석한 연구 결과에 따르면,[29] 만 5세 미만의 아이나 50세 이상의 연장자에서 밀도 효과를 인정할 만한 결과가 나왔다고 한다. 즉 인구가 늘어나면 어린아이나 연장자의 사망률이 높아짐으로써 인구 증가가 억제되는 것이다.

가잉 족의 경우, 청·장년층의 출생률에는 밀도 효과가 나타나지 않았지만, 디스커넥트 유형의 증가에는 폭발적인 인구 증가에 대한 밀도 조절이란 측면이 있지 않을까. 디스커넥트 유형은 자손을 남기는 데 그다지 관심이 없으므로 인구 억제에 공헌한다는 가능성이다.

실제로는 인도나 동남아시아 등, 인구 밀도가 높은 지역에 반드시 디스커넥트 인간이 많은 것은 아니다. 북유럽처럼 인구 밀도가 낮은 지역에도 디스커넥트 유형의 비율이 높다. 디스커넥트 유형의 증가를 밀도 효과만으로 설명하기는 어렵다.

다만 인류가 직면한 인구 폭발과 식량 위기, 게다가 지구 온난화와 사막화의 기세가 점점 더 거세지는 상황에서 디스커넥트 인류는 환경에 훨씬 잘 적응한 존재임이 틀림없다. 앞으로 상황은 더욱 악화하여 고온 현상과 천재지변, 식량 부족으로 수많은 난민이 목숨을 잃는 사태가 훨씬 거대한 규모로 일어날 것이다. 식량과 물, 에너지 자원을 둘러싼 분쟁이 더욱 격렬하고 추해져서, 서로 죽이든 굶어서 죽든, 인구를 조절해야만 하는 사태에 빠지게 될 것이다.

이때 인류가 해결해야 할 과제는 식욕을 조절하는 일이다. 다만 호모 사피엔스는 욕망을 조절하는 데 서툴다. 애착은 사랑하는 사람의 아이를 낳아 기르고 싶다는 바람을 분리하지 못할 뿐 아니라, 특정한 존재를 특별히 우선하고자 하는 소망이며, 불공평한 사리사욕의 감정과 떼려야 뗄 수 없는 관계인 까닭이다. 공감형 인류는 자신과 자녀, 동료만이 살아남기를 바라고, 그 외의 사람은 잘라버리려 할 것이다. 하지만 자기들만 살아남겠다는 그런 방법으로는 일이 뜻대로 풀리지 않는다. 일본을 대표하는 작가, 아쿠타가와 류노스케의 단편소설 『거미줄』[8]의 내용처럼 다 함께 멸망하게 되는 까닭이다.

종말의 위기에서 벗어나려면 탐욕을 조절할 수 있는 새로운 종이 등장해 다수파가 되고 지도자의 지위를 차지해야만 할 것이다. 그리고 그것이 가능한 사람은 애착이 희박하고 그다지 욕망에 집착하지 않는 디스커넥트 유형밖에 없다.

네오 사피엔스가 되기 위한 조건

양육 환경이나 정보 환경의 영향이든 밀도 효과든 이것들은 적응 수준의 변화이다. 즉 환경이 변화하면서 일시적으로 생겨난

---

8. 지옥에 떨어진 칸다타라는 도둑이 진생에 딱 한 번 거미를 구해준 선행을 베푼 덕분에 석가의 도움으로 지옥에서 빠져나갈 기회를 얻지만, 탐욕 때문에 결국 다시 지옥으로 떨어진다는 이야기

조절 작용이다. 이렇게 함으로써 어떻게든 급한 불을 끄려고 한다. 그리고 머지않아 바람의 방향이 바뀌면 정반대되는 변화가 일어나 본래의 상태로 되돌아간다.

반면, 진화는 균형의 한계를 넘어서 한 방향으로 나아가는 변화다. 커다란 선택 압력을 계속해서 받으면 되돌리기는커녕 새로운 균형점에 도달할 때까지 그 변화가 점차 빨라진다.

거우 40년 만에 홀스타인의 유전자에 뚜렷한 변화가 생겼듯이 환경에 의해 선택된 디스커넥트 인간에게는 옥시토신 수용체 유전자를 비롯한 애착 관련 유전자에 그 발현을 낮추는 변이가 발생하고 있다.

다만 이 변이가 새로운 종의 징후인지 아니면 그저 환경 변화 탓에 발생한 적응적 변화인지를 둘러싸고는 당연히 의견이 분분하리라. 아이나 가족을 돌보지 않는 사회성 포유류치고는 생물학적으로도 희귀한 종이 탄생할 것인가, 아니면 막다른 골목에 지나지 않아서 결국 사라지게 될 운명일까.

이 새로운 종이 종으로서 유지되기 위한 전제 조건은 자손을 남기는 데 불리한 점이 있어서는 안 된다. 만일 자녀 돌보는 시간을 희생하여 일을 한다는 생활양식이 자손을 늘리는 데 부정적 영향을 끼쳐 자손이 조금씩 줄어든다면, 이 생활양식을 선호하는 종은 자녀를 돌보는 데 많은 시간을 쏟아서 자손을 여럿 남기는 사람들로 대체된다. 그러면 새로운 종으로 정착하지 않고 일시적으로 출현한 희귀한 종으로서 머지않아 자취를 감추게 될 것이다.

그러나 만일 사회적 제도의 뒷받침 덕분에 육아를 하지 않아도 충분한 수의 자손을 유지하게 된다면, 육아하는 능력은 점점 퇴화해서 사라지고 탁란을 하는 뻐꾸기처럼 남에게 육아를 맡기고 종을 유지하는 생활양식을 가진 종으로 확립되리라.

사회가 육아를 하는 것이 일반적인 일이 되면, 일보다 육아에 관심 있는 사람이나 아이의 성장에 강한 책임을 느끼고 그 역할을 완수하려는 것은 오히려 종의 생존에 불리하게 작용하는 까닭이다.

실제로 얼마나 많은 자손을 남기느냐는 생물학적인 번식 능력이니 육아 능력보다 경제적 조건 쪽이 더 큰 영향을 끼친다.

비록 번식력이 약하더라도 생식 의료의 지원을 받으면 아이를 많이 가질 수 있고, 태어난 아이를 돌볼 때도 유료 서비스를 이용하면 수준 높은 보육을 받을 수 있다. 따라서 상황에 따라서는 그 비용을 부담하는 경제력 있는 사람이 훨씬 육아에 유리하다.

이러한 경향이 강해지면 번식력이 약한 디스커넥트 인류는 번식력이 높은 공감형 인류와 비교했을 때, 자손을 남기는 데 불리하기는커녕 오히려 유리해진다. 예전 같으면 쇠퇴하여 지상에서 쉽게 사라져버렸을 디스커넥트 유형 유전자나 자폐적 유전자는 더욱더 그 농도를 높여서 강해질 것이다. 자폐증의 증가나 번식력의 저하로 골머리를 앓겠지만 동시에 뛰어난 재능이 배출되므로, 종으로서는 더없이 번영하게 된다. 높은 전문성이 창출해내는 부가가치가 상당히 큰 덕분에 번식에 드는 돈을 상쇄하고도 충분히 남는 것이다.

한편, 공감형 인류는 부가가치가 낮은 아날로그적 노동에는 뛰어나나 고도의 수리적 처리가 필요한 일에는 서툰 탓에, 생산성이 낮은 일에서 빠져나오기 어렵다. 이런 일은 대부분 기계로 대체되므로 거의 보육이나 간호 같은 서비스업으로만 살아가야 한다.

이리하여 앞으로 일어날 일에 관해 예측할 수 있는 시나리오는 두 가지다. 하나는 공감형 인류와 디스커넥트 인류가 갈라지게 될 가능성이다. 그러려면 공감형 인류와 디스커넥트 인류 사이에 생식적 격리가 일어나야만 한다. 가장 먼저 생각할 수 있는 상황은 하라리가 주장하듯이 엘리트 계급인 호모 데우스와 쓸모없는 계급 사이에 신과 인간 만큼 확실한 격차가 생겨 교잡을 피하게 되는 상황이다. 혹은 교잡이 일어나더라도 자손을 남기기 어려운 경우 또한 똑같은 일이 일어난다.

이 시나리오를 따를 경우, 공감형 인류는 디스커넥트 인류가 어려워하는 일, 이를테면 육아를 생업으로 하는 계층을 형성하면 공존 관계를 쉽게 구축할 수 있다.

또 다른 가능성은 공감형 인류와 디스커넥트 인류가 완전히 갈라지지는 않고 전체적으로 디스커넥트 유형의 경향이 강하게 나타나서 소진화가 축적된 결과, 디스커넥트 인류로 진화를 마치는 경우다. 현재 상황이 바로 이렇다.

디스커넥트 유형 남편과 공감형 아내가 한 지붕 아래서 사는 상황은 이 과도기적 풍경이다. 주로 디스커넥트 유형 남편이 돈을 벌고 공감형 아내가 가사와 육아를 맡는 식으로 공존을 도모했던 시기도 있었다.

참고로 이와 같은 조합에서는 공감형 아내가 디스커넥트 유형 남편과 대화가 통하지 않는 상황에 강한 스트레스를 받은 나머지, 심신 이상에 시달려 결국 결혼 생활이 파탄에 이르는 사례도 적지 않다. 게다가 스스로 활약하고자 하는 여성은 육아를 남에게 맡기고 전문성이 높은 일을 하려고 하므로, 디스커넥트 유형 남편과 공감형 아내라는 분업노 점차 성립하지 않게 된다. 아이가 생기면 짧은 결혼 생활은 막을 내리게 되기 쉽다. 그러나 홀로 육아를 하면 아이에게 좀처럼 손길이 미치지 못하는 탓에 결국 아이를 디스커넥트 유형으로 만들게 될 리스크가 커지므로, 세대를 거듭할수록 디스커넥트 유형이 만연한다.

어느 쪽이든 자신의 즐거움이 우선이고 육아를 그리 달가워하지 않는 사람이 늘어나면, 그 자손은 훨씬 육아를 버겁게 느끼게 된다. 그리고 이와 같은 경향은 집단 전체에서 더욱 빠르게 진행된다.

다만 이 시나리오대로 가게 되면 한 가지 문제가 발생한다. 육아를 남에게 맡긴다고 해도 '사회는 어떻게 육아를 대행할 사람을 확보할까?'라는 문제에 직면하는 것이다. 대행하는 사람들도 육아를 점점 버거워하게 된다. 그럼, 육아를 버거워하는 사회는 애착 장애를 계속 재생산하고 결국은 쇠퇴할 운명을 벗어나지 못하는 것일까.

이 벽을 돌파하려면 희박한 애정 환경에 적응할 수 있는 새로운 종의 탄생 외에는 방법이 없다. 0세 아이의 70%가 부모가 돌봐주지 않아도 스스로 스위치를 조작해서 게임을 하거나 동영상을 보며 자신을 달래는데, 머지않아 자신을 보살펴주는 로봇을 조종하는 아이가 나타날지도 모른다. 이와 같은 환경에 완벽히 적응해서 이를 당연하게 받아들이고, 울지도 않는 아이들이 성장한다면, 디스커넥트 인류의 완성은 멀지 않은 셈이다.

그리고 이 종의 성립과 떼려야 뗄 수 없는 것이 섹스나 임신·출산 등의 생물학적 한계를 허물어버리는 생식 기술이다.

지금 디스커넥트 인간이 탄생할 조건이 점점 갖춰지고 있다. 생식 기술의 도움 없이는 멸망하게 될 종이라고 해도 그 기술이 당연해진다면 더는 제약이 되지 않는다. 제약은커녕 여태까지의 불리했던 점이 사라짐으로써 균형이 변한다. 그리하여 인류에서 디스커넥트 인류가 차지하는 비율이 급속히 높아지게 될 것이다.

디스커넥트 인류의 약점

2002년, 충격적인 논문 한 편이 영국의 과학 잡지 『네이처』에 실렸다. 「사람의 정자: 성의 미래」라는 제목의 논문은 놀라운 예언을 했다.[30] 논문에 따르면 사람의 Y염색체는 점점 퇴화하고 있어 결국 소실되어 버린다는 것이다. 즉 남성이 사라진다는 뜻이다. Y염색체는 속 빈 강정 같은 상태로, 기능하는 유전자가 얼마 되지 않는다는 사실은 이미 알려져 있었다. 그 이유는 원래 Y염색체에 있던 유전자가 100만 년에 5개의 비율로 계속 파괴되어, 이제 50개(30개라는 주장도 있음) 남짓으로 줄었기 때문이라고 한다. 즉 계산해 보면 넉넉하게 잡아도 1,000만 년 후에는 Y염색체에서 유전자가 완전히 사라져버리게 된다. 게다가 상세하게 분석한 결과, 5,600만 년 후에는 사람의 Y염색체가 빈 껍질이 되어버린다는 결론에 도달했다고 한다.

무엇보다 지금도 이미 정자의 수가 적고 운동성이 떨어져서 산과적 기술을 빌려야만 임신할 수 있는 사례가 늘고 있다는 점을 생각해보면, 이처럼 느긋하게 걱정할 필요조차 없는지도 모른다. 실제로 이 논문의 저자로 Y염색체 진화 연구의 세계적 권위자 제니퍼 그레이브스 박사는 가까운 미래에 Y염색체가 퇴화한 돌연변이 개체가 출현해도 이상하지 않다고 불길한 예언을 했다.

그러나 이 또한 불필요한 걱정일 듯하다. Y염색체가 있는데도 섹스에 관심 없는 남성이 이미 우리 사회에 넘쳐나고 있는 까닭이다.

1940년부터 1990년까지의 50년간, 한 번의 사정 시에 방출되는 정자의 수는 약 절반으로 줄었다. 그러나 감소하는 정도에는 지역 차가 있어서, 덴마크와 핀란드에서 특히 뚜렷하고, 북아메리카, 유럽, 뉴질랜드, 오스트레일리아에서도 두드러진다고 한다.[31]

북아메리카, 유럽 등의 과거 연구를 분석한 결과[32]에 따르면, 1973년부터 2011년까지의 40년이 채 안 되는 기간에 사람의 정자 농도는 52%나 낮아졌다. 사태는 아무래도 급속히 악화하고 있는 듯하다. 이대로 가면 수십 년 안에 현미 수정 기술 없이 임신하기가 불가능해지리라 예상된다.

이와 같은 정자의 퇴화에는 다양한 요인이 관여한다고 생각되지만, 전문가들 사이에서는 특정 사회 제도가 한몫한다는 것이 상식이라고 한다. 그것은 일부일처제라는 결혼 형태다.[33] 일단 결혼을 하면 한 명의 남성은 배우자인 한 명의 여성이 임신할 기회를 독점할 수 있다. 섹스를 매일 하든 가끔 하든, 횟수에 상관없이 어찌 됐든 아내를 임신시킬 수 있다. 약한 정자밖에 없어도 표면적으로는 경쟁 상대의 강한 정자가 들어오지 않으므로 언젠가는 임신시킬 수 있다.

그런데 난교 상태가 되면 상황은 급변한다. 교대로 파트너와 섹스하게 되므로 약한 정자를 가끔 내보내기만 해서는 한 개밖에 없는 난자와 결합할 가능성이 작다. 당연히 많은 양의 정자를 여러 번 내보내는 남성이 자손을 남길 확률이 높아진다. 따라서 강한 정자의 유전자가 살아남게 되어 정자를 많이 생산할 수 있는 남성 기능이 점점 강화된다.

만일 이렇게 되었다면 이 세상은 지금보다 훨씬 머릿속에 오로지 섹스 생각뿐인 야수 같은 남성들로 넘쳐났으리라.

일부일처제(일부다처제에서도 똑같다)와 결합한 결혼이라는 제도는 생산 능력이 약한 남성도 자손을 남길 수 있는 관대한 시스템인 셈이다. 이로써 생식 능력에 일정한 제동이 걸렸고 이에 더해 생식 능력까지 되화했기 때문에 섹스 이외의 문화가 꽃을 피우게 되었는지도 모른다.

남성 중에는 하루에 여러 차례 섹스 또는 사정을 하지 않고는 못 배긴다는 사람도 있지만, 정력이 세다고 마냥 기뻐할 수만은 없다. 행위 한 번에 얼마만큼의 시간과 에너지를 소비하든 섹스는 다른 일에 쓸 시간과 에너지를 소모해버리는 까닭이다. 아랍의 왕족처럼 아이를 몇백 명씩 두는 것도 아니고 방출한 정액은 단지 콘돔과 함께 쓰레기통에 버려질 운명이라고 한다면, 과도한 성욕은 어느 의미에서 불필요하다. 먹으면 토하기를 온종일 반복하는 행위가 건강하지도 문화적이지도 않듯이 하루의 절반을 성행위에 소비한다면 아무리 쾌감이 있어도 성욕은 지옥이나 마찬가지다.

인류의 부와 문화는 성욕이란 괴물에게 결혼이라는 고삐를 채워 성욕을 제어하는 데 성공한 결과 탄생했다고 말해도 지나치지 않으리라.

디스커넥트 인류의 선구자들은 항상 선두를 달려왔다. 생식 경쟁에서는 하위 그룹에서 달렸지만, 문화와 기술 혁신이라는 다른 척도에서는 어느새 선두에 서 있었다. 서로 사랑해서 자손을 남기는 일보다 자연의 이치와 만물을 지배하는 법칙에 관심이 더 쏠려 있어서 여자아이와 놀기보다 시험관이나 현미경, 또는 체스나 게임기로 노는 데 열중했다. 그리하여 일찍이 지상에 없었던 수많은 독창적인 예술 작품과 발명품을 만들어낼 수 있었다.

그리고 더 나아가서 지금 디스커넥트 인류는 그 진화의 흐름을 밀고 나가려 한다. 결혼이라는 고삐조차 필요로 하지 않으며 성욕에 휘둘리지도 않는다. 성욕 자체를 잃거나 성욕을 섹스 이외의 형태로 처리함으로써, 이제 성욕의 지배에서 벗어나게 된 것이다.

디스커넥트 사회가 부딪히는 벽

자폐 스펙트럼증을 포함해 디스커넥트 인류의 번영을 가로막았던 가장 큰 장벽은 자손을 많이 남기지 못한다는 문제였다. 디스커넥트 인간이 태어나도 1대나 2대에서 대가 끊기기 때문에 아무리 세월이 흘러도 소수파였다. 애초에 디스커넥트 인간은 아이에게 관심이 부족하므로 반쯤 원해서 이렇게 된 셈이기도 하다.

여태까지는 이 패턴이 계속 되풀이되어왔다. 디스커넥트 개인은 말할 필요도 없거니와 디스커넥트 사회가 만들어졌다고 해도 반드시 출생률 저하가 뒤따르므로, 결국 그 사회는 역사의 무대에서 자취를 감추게 되었던 것이다.

예를 들면 스파르타 교육, 스파르타식이라는 말에 지금도 그 이름이 남아있는 옛 그리스의 도시국가 스파르타는 용맹하고 과감한 데다가 매우 냉혹하여 이웃 나라들을 두려움에 떨게 한 중무장 보병을 둔 군사 국가였다. 정부의 주도로 공감성이 제거된 인간, 다른 말로 하면 디스커넥트 인간을 키움으로써 아주 강력한 무적의 병사들이 지키는 강한 국가를 만들고자 했다. 국가적 규모의 첫 시도였다고 할 수 있다.

이와 같은 국가를 실현하기 위해 스파르타는 오늘날 범죄자나 정신이상자가 될 위험성을 높인다고 알려진 환경을 의도적으로 만들고 그곳에 아이들을 인정사정없이 던져 넣었다. 이 아고게 (agoge)라는 훈련 시스템하에서, 만 6세가 된 스파르타의 남자아이는 집에서 떨어진 병영으로 보내져 공동생활을 했다. 아이들은 음식을 충분히 먹지 못해 항상 굶주린 상태였고, 자신의 힘으로 배를 채우기 위해서라면 도둑질조차 장려되었다. 훔치다가 발견되면 심하게 매질을 당했지만, 그 매질은 도둑질을 멈추게 하려는 목적

이 아니라 더욱더 능숙하게 훔치는 방법을 가르치려는 목적에서였다.[34]

공감성을 없애기 위해 동정과 상냥함이 아닌 폭력과 냉혹함을 계속해서 주었다. 그 엄격함과 혹독함으로는 비할 데가 없어서, 한겨울에도 아이는 어디에 가든 맨발에 망토 한 장 걸치는 것밖에 허락되지 않았다. 말로 가르치기보다 폭력을 통해 몸이 기억하게 만드는 것을 중시했다.

공감과 설득이 아닌 힘과 규율로 무조건 따르게 하는 스파르타의 방식은 디스커넥트 유형이 되기 쉬운 전형적인 유형이다. 그들은 서로 간에 의사소통을 반복하여 느낌을 공유하기보다 일방적으로 위에서 아래로 명령하기(명령받기)를 선호한다. 그편이 개인의 감정이나 의사가 끼어들 여지가 없는 까닭이다. 반대로 의논하고 서로 이해하는 과정을 번거롭게 여긴다.

만 12세가 되면 다른 연장자 남성의 정부(파이디카)가 되었고 그 관계는 아내를 얻은 후에도 계속되었다. 이러한 풍습은 가족을 위해 살기보다 전사로서 죽는 삶을 가치 있다고 여기는 스파르타 전사를 만들어내는 데 도움이 되었다.

위의 시도는 강인한 병사를 만든다는 점에서는 확실히 성공했다. 그러나 자유라고는 조금도 없는 사회는 획일화되었고 문화도 꽃피지 않았다. 아리스토텔레스는 이를 매우 적절하게 표현했다.

"교육에 있어서 한 가지 일에 집중하고 다른 것을 무시하는 스파르타인 같은 사람들은 인간을 기계로 바꿔버려서 국가 생활이란 일면에만 몰두하게 만드는 까닭에, 마지막에는 이와 같은 면에서도 열등한 인간을 만들어낸다."

이처럼 집단 관계를 우선하는 태도는 적어도 남자들에게 가족이나 친척 관계보다 국가나 국익을 지키는 전쟁이란 전투에 관심을 쏟게 했다. 또 남자들이 국가나 국익을 우선하는 가치관을 유지하는 데에도 도움이 되었다.

부모 자식, 가족이라는 특정 관계를 특별하게 여기지 않고, 혈연에 얽매이지 않는 보편성을 지닌 공동체나 국가에 가치를 둔 사고를 심어 넣은 것이다.

개인보다 집단의 생존이 우선되는 사회는 개미나 벌 같은 사회성 곤충의 사회와 흡사하다. 다만 개체 간에 애착이 없는 곤충과는 달리 동료나 상관·부하의 결속이 강하고, 이것이 군대나 국가에 대한 충성심으로 이어진다.

이것은 디스커넥트 유형으로서는 아직 미완성인 형태로, 공감적 애착이 그 대용품으로서 절대복종의 충성심으로 치환되었다고 말할 수 있다.

위와 같은 무력 투쟁파라 불릴 법한 디스커넥트 유형은 공감이란 감정은 희박하지만, 공포나 칭찬, 수치심이나 자존심 등의 감정은 강하다. 그들은 공감받아도 아무것도 느끼지 못하고 그 사람의 감정에 어떻게 반응해야 할지도 모른다. 하지만 공포를 느끼거나 칭찬받고 싶은 상대에게 명령받으면 기꺼이 복종하고, 수치심이나 자존심이 손상되면 견디지 못한다.

디스커넥트 유형은 특정 개인과 온기 있는 유대를 맺지 못하는 까닭에, 그 공허함을 누그러트리기 위해서 때때로 이데올로기나 상위자의 명령에 대한 복종, 혹은 자신의 자존심이나 명예를 지키는 일에서 삶의 의미를 찾으려고 한다.

스파르타는 왜 멸망했는가

죽음을 두려워하지 않는 용맹함을 자랑하는 군대가 있는데도 스파르타는 결국 쇠락하여 멸망하고 말았다. 스파르타는 왜 멸망했을까.

가장 큰 요인은 인구 감소였다. 출생률이 심하게 떨어진 데다가 사회 격차가 벌어짐으로써, 중류 스파르타 시민이 몰락해 군대의 주력을 짊어진 시민의 수가 감소한 것이다.[35]

출생률이 떨어진 이유는 무엇일까. 바로 출산을 꺼리는 풍조가 강해졌기 때문이다. 국가의 미래를 생각하면 병사 수와 직결되는 시민 수를 늘리는 일이 중요한 과제인데, 스파르타인은 자신의 경제적 여유를 희생해서까지 육아에 전념해야겠다고는 생각하지 않았다. 즉 육아에 대한 의욕이 낮았다.

스파르타 사회는 의외로 여권이 강했다고 알려져 있다. 계속 군대에 가 있는 남자 대신 여성이 집을 지키는 역할을 했던 까닭에 여권이 강해진 것이다. 남자는 반쯤 국가의 소유물로 용맹한 병사였지만 그것은 집 밖에서의 일이었다. 집 안에서는 아내의 발언권이 더 셌다. 말하자면 남편은 회사에 소속되어 있고 아내가 가정을 좌지우지하는 현대 사회와 비슷한 상황이었다. 출산이나 섹스 역시 아내가 주도권을 쥐고 있어서, 아내가 임신을 원하지 않으면 남편은 그 뜻을 거스를 수 없었다.

스파르타에서는 여자도 남자와 똑같이 상속받았지만, 누구나 유복한 집에 딸을 시집보내려 했기 때문에 재산이 일부 자산가에게 집중되어 버렸다. 결국, 사회에 커나란 격차가 생겨났고 가난한 시민은 점차 시민 계급에서 탈락했다.

테베와의 전투에서 졌을 때, 스파르타 시민의 수는 천 명도 채 되지 않았다고 한다. 스파르타의 제도는 강한 병사를 양성하는 데는 성공했어도 인구를 늘리기는커녕 감소를 막지도 못했다. 스파르타는 애착 장애란 병에 걸려 재생 능력을 잃었던 것이다. 디스커넥트 유형이 많아지면 숙명적으로 대개 비슷한 일이 벌어진다. 사람들은 차츰 아이를 키우는 일에 관심을 잃어간다.

무너진 장벽

디스커넥트 유형인 현대 남성은 아내 이외에 남자 애인을 두지는 않더라도 화면으로만 만날 수 있는 애인에게 푹 빠져서 아내의 몸에는 손조차 대려 하지 않을지도 모른다. 그래도 결혼이라는 제도의 은혜 덕분에 여성 한 명을 독점하고 아이가 생길 때까지 느긋하게 성행위를 계속할 수 있다. 한 달에 한 번, 혹은 일 년에 한 번만 섹스한다고 해도 평생 한 명이나 두 명 정도 아이를 남긴다면, 이것만으로도 아주 충분할 정도다.

단, 문제는 섹스하지 않으면 성 기능이 떨어져서 점점 하지 않게 될 뿐 아니라 가끔 해도 임신시킬 힘을 잃어버린다는 점이다.

여기에 강력한 조력자가 등장했다. 불임 치료를 비롯한 생식 의료다. 정자의 수가 얼마 되지 않아도, 활발히 움직이는 정자가 매우 적어도, 현미 수정의 힘을 빌리면 임신할 수 있다. 원래 정자는 한 번 사정할 때 3억 마리나 방출되지만, 불임증인 남성은 수천만 마리 또는 그 이하로 방출된다. 그러나 현미 수정의 경우, 건강한 정자가 한 마리 있으면 그것으로 충분하다. 결국, 난자와 결합하는 정자는 단 한 마리이기 때문이다. 활기찬 정자 한 마리를 잡아서 직접 난자에 갖다 대면 3억 분의 1이라는 엄청난 경쟁은 물론, 질에서 자궁 입구로 들어가 자궁 경부, 자궁 체부, 난관으로 이어지는 까마득히 먼 길을 거슬러 올라가야 하는 수고도 덜고 순식간에 확실히 수정된다. 이는 마라톤 승자를 결정할 때, 수많은 선수가 한꺼번에 마라톤 코스를 달려서 결정하는 것이 아닌 활기차 보이는 선수를 적당히 고른 다음 골의 1m 앞까지 차로 데려다주는 행동이나 마찬가지다.

꾀를 부린 대가가 앞으로 어떤 형태로 나타날지는 분명하지 않다. 그러나 생식 능력이라는 관점에서 보면 열등한 정자도 수정될 기회를 얻게 되므로, 틀림없이 생식 능력 저하에 박차가 가해져, 앞으로는 생식 의학의 도움 없이는 종을 유지하기 어려우리라.

하지만 이 또한 생식 의학이라는 환경 변화에 적응한 결과라고 할 수 있다. 결혼이라는 제도 때문에 남아도는 거추장스러워진 성욕이 퇴화를 일으켰듯이, 생식 의학이라는 새로운 기술이 섹스란 행위조차 불필요하게 만들어버렸다. 섹스하지 않아도 아이를 가지게 된 것이다.

이로써 디스커넥트 인류는 그들이 안고 있던 극복하기 힘든 한계를 극복해냈다. 그들은 섹스에 관심도 의욕도 부족하지만, 이제 섹스는 종의 유지와 아무런 상관없는 행위가 되었다. 현미 수정을 비롯한 생식 혁명이 디스커넥트 인류를 탄생시킨 것이다.

조금 전에도 언급했듯이 생식 보조 의료가 급속히 확산함에 따라 열등한 유전자가 도태되지 않고 살아남게 되면서, 종종 전체적으로 인류의 유전자 질이 떨어질 가능성이 제기되어 왔다. 한 예로, 자폐 스펙트럼증의 뚜렷한 증가와 관련되어 있는지는 불분명

하지만, 부모의 연령 증가, 특히 엄마뿐 아니라 아빠의 연령 증가도 자폐 스펙트럼증의 리스크를 크게 높인다는 사실은 그 관련성을 보여주는지도 모른다.

하지만 만일 그렇다고 해도 본디 자폐 스펙트럼증을 '장애'로 간주하는 생각 쪽이 부득이하게 수정될 것이다. 앞으로 생식 보조 의료의 도움 없이 자손을 남길 수 있는 사람이 극소수가 되었을 때는 대부분 국민이 디스커넥트 유형이고, 25%는 자폐 스펙트럼증인 시대가 올 것이 틀림없다. 게다가 그리 머지않은 미래에 말이다.

국민의 25%가 자폐 스펙트럼증의 특성을 보일 때 이를 장애라고 불러야 할까, 아니면 새로운 종의 탄생이라고 생각해야 할까.

덴마크처럼 생식 보조 의료의 도움을 받아 태어난 아이가 10명 중 1명에 육박하려 하는 나라도 있다. 그 비율이 50%를 넘는 날은 놀라울 만큼 가깝지 않을까.

극복되는 성(性)의 속박

성의 형태가 다양해져서 무성 생식과 유성 생식은 물론 동성 생식까지 가능해진다. 성 자체가 단순한 개성이자 선택 가능한 옵

선에 지나지 않는 시대가 오는 것이다.

성은 사람과 사람을 연결하고 유전자를 한데 섞음으로써, 종의 다양성을 유지하는 원리로 종의 존속을 뒷받침해왔다. 하지만 인류가 유전자 자체를 선택하고 조작할 수 있게 되어, 마음먹은 대로 동일한 유전자를 가진 개체를 고집하거나 선호하는 형질의 개체를 디자인하게 되면, 반대로 개체의 특이성이나 유일성은 사라져버린다. 개체는 이 세상에 둘도 없는 특별한 존재가 아니라 마음먹은 대로 재현하고 개조할 수 있는 한 가지 모델일 뿐이다. 거의 해마다 모델이 바뀌는 신상품이나 유행이 변하는 패션과 똑같은 의미의, 변덕스러운 자의와 무의미한 우연인 채로 끊임없이 흔들리는 카오스의 산물에 지나지 않게 된다.

개체의 의미는 더욱더 희미해지고 존재한다는 것이 절대적으로 무의미해진다. 한 사람의 존재는 아마존이란 인터넷 쇼핑몰에서 원하는 물건을 고르고 전자화폐로 결제해서 산 상품과 조금도 다르지 않을 것이다. 특별한 집착과 관계도, 탄생의 드라마도, 부모와 자식조차 사라졌을 때 디스커넥트 인류는 새로운 종으로 완성된다.

디스커넥트 인류의 선구자들

한때 미토콘드리아 이브라 이름 붙여진 한 여성이 현생 인류의 공통 조상이었다는 논문[36]이 전 세계에서 화제를 모았다. 인류의 계보를 거슬러 올라가면 단 한 명의 여성에 도달한다는 것이다.

그러나 오늘날에는 이 가설을 부정한다. 인류는 단 한 명의 여성으로부터 시작되지 않았다. 만약 그랬다면 인류는 도저히 살아남지 못했으리라. 최신 진화 이론에 따르면 진화가 일어나기 위해서는 어느 정도 커다란 집단이 필요하다고 한다. 유리한 유전자가 그 집단에 퍼져나감으로써 좋은 진화를 거듭해가는데, 종이 진화하기 위해서는 우선 그 종이 계속 이어질 수 있도록 살아남아야 한다. 그러려면 집단의 규모가 어느 정도 커야만 한다. 그렇지 않으면 섬세한 환경 변화에 대처하지 못하고 간단히 멸종되어 버린다.

생존에 유리한 새로운 형질이 등장하고 그 형질이 종 전체에 퍼져 진화가 일어날 때도 돌연변이가 일어난 한 명의 존재로부터 시작되지 않는다. 다양한 유전 변이를 가진 복수의 존재가 동시다발적으로 나타나고, 그 유전 변이가 다양하게 조합되어 그중에서 유리한 조합을 가진 개체만 살아남는 과정을 반복한다.

변이 유전자는 너무 많이 있으면 장애가 되기도 하지만, 적당히 있으면 생존에 유리한 경우도 많다. 키가 크다, 달리기가 빠르다, 현명하다 등의 형질은 대개 여러 종류의 다형(多型) 유전자의 조합으로 생기며 그 조합도 무수히 많다. 한 가지 형질과 유전자는 보통 일대일 관계가 아니다. 수학을 잘한다는 형질 하나만 보아도 명확하듯이, 복잡한 형질일수록 단일 유전자로 결정될 만큼 단순하지 않은 것이다.

게다가 게놈상에는 코딩된 유전자 영역과는 별개로 유전자의 발현을 조절하는 영역이 있다. 여태까지 쓰레기라고 여겨왔던 정크 DNA(비암호화 DNA, 논코딩 DNA)가 사실은 유전자의 발현을 조절하는 데 관여한다는 사실이 밝혀졌다.

또 환경의 영향이 유전자 발현에 영향을 준다는 사실도 드러났다. 이를 위한 중요한 시스템에는 DNA 메틸화가 있다. DNA 메틸화가 일어나면 ㄱ 유전자기 발현되지 않는데, 부모의 방임 탓에 디스키넥드 유형이 뇔 때도 이 메틸화 메커니즘이 관여하는 것으로 보인다. 예를 들어 옥시토신 수용체의 DNA가 메틸화를 일으켜서 옥시토신 수용체의 발현이 억제되면, 결과적으로 애착의 작용이 저하한다.

게다가 DNA 메틸화는 다음 세대로 계승되기도 하므로, 새로운 세대에서는 환경 요인으로 일어난 가역적 변화가 선천적 특성으로 굳어져서 불가역적 변화가 될 가능성이 있다.

분명 특정한 환경 요인에 적응하기 위해 일어났을 변화도 이와 같은 환경의 영향이 오랜 기간 지속하면 일시적 현상이 아닌 고정된 변화로서 유전자 자체가 점차 바뀌게 된다. 이러한 메커니즘 또한 진화에서 중요한 역할을 담당한다고 추측된다.

뛰어난 사회성과 지능, 언어 능력, 손재주 같은 인류의 특징적인 형질에는 모두 여러 개의 유전자가 얽혀 있다. 이는 분명 인류가 한 사람의 이브에게서 태어난 존재일 리가 없다는 뜻이다.

디스커넥트 인류의 탄생이라는 새로운 진화를 생각해보아도 어느 날 갑자기 완성된 디스커넥트 인류의 조상이 한 명 생겨나지는 않는다. 처음에는 일부 이러한 특성을 보이는 개체가 예외적 존재로서 나타났다가 사라지기를 반복한다. 그리고 동시에 생존에 유리한 유전자 조합이 만들어지고 선택을 받는다. 처음에는 자손을 남기지 못하는 막다른 길에 지나지 않았던 것이 자손을 남기는 데 유리한 조합을 찾아내어 살아남을 기회가 늘어나면, 이와 연관된 몇 가지 유전자는 서서히 그 비율을 높여나간다. 처음에는 예외적인 변종일 뿐이므로 고독한 최후를 맞이할 수밖에 없다. 그러나 점차 재생산하는 능력을 손에 넣음으로써 막다른 길을 돌파하고 집단 전체로 퍼져나간다.

완성된 새로운 종이 태어나기까지는 자신은 자손을 남기지 못하지만 새로운 종의 선구자가 된 수많은 존재가 태어난다.

디스커넥트인류 역시 마찬가지다. 분명 예부터 이어져 온 종 가운데 고독하게 죽어간 디스커넥트 인류의 선구자가 있었다.

시노페의 디오게네스

보통 애착이라고 하면 사람에게 느끼는 친근한 감정을 의미한다. 디스커넥트 유형 중에는 사람에는 애착하지 않지만, 물건에는 애착을 보이는 사람이 많다. 사람은 믿지 못해도 물건은 신용하는 것이다. 그러나 디스커넥트 유형이 더욱 심해지면 물건에도 애착을 보이지 않고 모든 집착을 잃어버린다.

불교 신자나 노장사상의 도사 등은 모든 집념을 버리는 것을 최고의 도달점으로 여겼다. 애착할 대상이 없으면 잃어버릴까 봐 전전긍긍하지 않아도 된다. 생로병사의 괴로움에서 해방되므로 사랑하는 사람과 헤어지는 슬픔에 마음 아파할 필요도 없다.

그들은 완전한 디스커넥트 인간이 되겠다는 목표를 이루기 위해 부모와 자식을 버리고 출가하여 아무런 육체적 고통을 느끼지 못할 때까지 혹독하게 수행했다. 수도원의 사상이나 이보다 훨씬 이전의 스토아학파, 그리고 키니코스학파(견유학파)라 불리는 고대 그리스와 로마의 사상가들도 똑같이 생각했다. 공감형 인류이면서 디스커넥트 인간형을 이상으로 삼아, 애착 또는 애착과 단단히 결합한 정동(情動)이나 욕망을 극복하려고 노력한 것이다.

고대 그리스, 시노페의 철학자 디오게네스도 그중 한 명이었다. 가정은커녕 집도 재산도 소유하지 않고 나무통 안에서 살았다는 설도 있고, 어깨에 걸친 바랑을 베개 삼아 잠을 잤다고도 전해 진다.[37] 지금으로 치면 노숙자인 셈이지만 디오게네스는 동시에 학식 있는 일류 지식인이기도 했으므로, 그 엄청난 차이에 고대 그리스인들조차 놀라움이 뒤섞인 경의를 표하게 되었다.

정착해서 일정한 직업을 찾으려고 하면 그를 받아줄 곳은 얼마든지 있었다. 그러나 디오게네스는 가정과 재산은 물론 국가에조차 얽매이기를 싫어해서 누구와도 특별한 관계를 맺으려 하지 않고 자신이 가고 싶은 곳을 발길 가는 대로 떠돌아다니며 살았다. 디오게네스가 이러한 삶을 정말로 즐겼는지는 알기 어렵다. 다만 그는 이렇게 살 수밖에 없었다. 특별한 관계를 거부하는 삶을 선택할 수밖에 없었다는 점에서 디오게네스는 디스커넥트 인류의 선구자였다.

디오게네스는 유복한 환전상의 아들로 모자람 없는 교육을 받고 자랐다. 그가 선천적으로 디스커넥트 인간형이었는지는 알 수 없지만, 경제적으로 풍족한 금융업자의 아들이라는 배경으로 보아 일반 시민보다 디스커넥트 인간이 될 조건을 갖추고 있었는지도 모른다.

하지만 그대로 자랐다면 부잣집 도련님이 되었을 디오게네스의 인생을 급변하게 한 사건이 일어난다. 아버지가 정부로부터 맡은 공금으로 위조 화폐를 만든 사실이 발각된 것이다. 아버지는 감옥에 갇혔고 결국 옥중에서 비명횡사한다. 가족들도 무사하지 않아서 타국으로 망명해야만 했다.

욕심 탓에 전 재산을 잃고 불명예스러운 최후를 맞이한 아버지의 운명이 디오게네스의 심경에 영향을 끼치지 않을 리 없었다.

도피한 신세계가 자유를 존중하는 아테네였던 것은 천만다행이었다. 이후 디오게네스는 길에서 생활하는 괴짜 철학자로 알려지게 된다. 디오게네스는 키니코스학파(견유학파)로 불렸는데, 이 말에는 마치 개처럼 생활한다는 경멸의 의미가 담겨 있다. 시니컬(cynical, 비꼬는, 냉소적인)이란 말은 이 키니코스(Cynicos)에서 유래했다. 디오게네스는 키니코스학파의 우두머리로 도무지 상식이 통하는 고분고분한 상대가 아니었다.

자신이 기대하는 말과 반드시 정반대의 말이 돌아오는 경우, 그 말은 곧 상처받은 애착을 의미한다.

모든 집착을 비웃으며 살았던 디오게네스였지만 그의 인생 후반기에는 또 다른 파란이 기다리고 있었다. 항해 도중에 해적의 습격을 받아 크레타섬에서 노예로 팔리게 된 것이다. 디오게네스는 유복한 코린토스인에게 팔려 코린토스 땅으로 가게 된다. 그 주인에게는 아들이 여러 명 있었다. 그 아들들의 교육을 맡게 된 디오게네스는 높은 학식과 능력을 인정받아 코린토스 사람들에게 존경을 받았다고 한다. 의외로 행복하고 평온한 말년을 보내게 된 것이다.

디오게네스가 제자에게 변함없이 신랄한 독설을 퍼부었는지는 명확하지 않다. 그러나 노예의 몸이면서 코린토스 땅에서 존경

받았다는 점을 생각하면 사랑스러운 제자를 만나 그의 말과 태도에 무언가 변화가 생겨났을지도 모른다. 가족을 잃은 마음의 상처를 극복하지 못했던 디오게네스는 생각지도 못한 곳에서 그 상처를 치유해줄 존재를 손에 넣지 않았을까.

다만 행복했다고 전해지는 디오게네스의 말년은 그가 디스커넥트 인류라고 하기에는 어중간한 존재로, 공감형 인류의 일면을 완전히 버리지는 못했다는 사실을 보여준다.

레오나르도 다 빈치

전혀 새로운 유형의 디스커넥트 유형 선구자는 근대가 시작되어서야 등장한다. 그 선구자 중 한 사람이 바로 르네상스가 낳은 만능 천재, 레오나르도 다 빈치다. 다 빈치는 서자로 태어났다는 이유로 아버지가 웅장한 저택에 사는 공증인이었는데도 후계자가 되지 못했고, 14세 즈음에 장인이 되기 위해 공방으로 보내졌다. 그는 평생 부모로부터 사랑받지 못했다는 생각을 떨쳐버리지 못한 듯하다.

다 빈치는 이 외로움을 달래려 창작에 몰두했다. 당시 크게 활약하던 베로키오의 공방에서 순식간에 재능을 꽃피워 두각을 나타내자, 스승인 베로키오는 그를 오른팔로 발탁해 이후 다 빈치에게 중요한 부분을 제작하게 했다. 하지만 완벽주의에다가 괴팍한 성격이 화를 초래해 후원자와 안정적인 관계를 맺지 못한 탓에 각지를 전전하며 살았다. 살아 있는 여성에 대한 관심이 시체에 대한 관심보다 낮았는지, 다 빈치는 결혼은 물론이거니와 연애다운 연애도 하지 않았다. 결국, 그는 엄마의 모습을 찾기 위해 이상적인 여성상을 캠퍼스에 계속해서 그렸다.

다 빈치가 귀여워한 사람은 도벽이 있는 어린 제자였다. 다 빈치는 그 아이의 품행 때문에 속을 끓이면서도 계속 돌봐주었다.

그는 고독을 좋아했지만 왕후나 귀족과 재치 있는 대화를 주고받을 수 있었고, 밀라노에서는 대규모 득수 장치를 설치한 연극을 성공시킴으로써 빌라노공(公)을 기쁘게 하기도 했다. 높은 실행 능력과 대화 능력까지 겸비했다는 사실로 보아, 자폐 스펙트럼증이었다고 말하기는 어려우리라.

그러나 고독을 좋아했고 누구와도 친밀한 관계를 맺지 않았으며, 인간 그 자체와의 정서적인 관계보다 사물을 냉정하게 관찰하거나 이미지와 아이디어를 부풀리는 데 열중했던 점 등으로 추측해보건대 디스커넥트 유형이었다고 할 수 있다. 인체를 그리는데도 피하 구조를 파악한다며 시체를 해부한 철저함으로 보아 세밀한 부분에 집착하는 자폐 스펙트럼증의 유전자를 어느 정도는 보유했던 듯하다.

다 빈치 또한 자손을 남기지는 않았다.

프리드리히 니체

19세기가 거의 저물어갈 즈음, 현대 디스커넥트 유형의 특징을 갖춘 표현형(Phenotype)이 등장한다. 그 선봉장 격인 인물이 바로 '신은 죽었다'라고 선언하며 초인의 탄생을 예언한 프리드리히 니체다.

니체는 목사의 아들로 태어났다. 하지만 만 4세 때 아버지를 여읜다. 사인은 훗날 니체 자신의 정신 상태와 생명을 앗아간 신경 매독이었다. 아버지는 환각과 극심한 통증 때문에 괴로워하면서 비참한 최후를 맞이한 것이다.[38] 목사인 아버지가 세상을 떠나자 목사 관사에 살았던 니체 가족은 살 집까지 잃게 된다. 작은 셋집의 북향으로 난 방이 니체 모자가 생활할 곳이 되었다. 어린 니체는 말이 늦게 트였으나, 말하는 것과 거의 동시에 글을 읽고 쓸 수 있었다. 엄마는 아들의 비범한 능력에 깜짝 놀라 아들에게 영재 교육을 하기 시작한다. 일가를 일으켜 세울 희망을 니체에게 건 것이다. 니체는 몸이 허약해서 자주 열이 났고 두통이나 복통에 시달렸지만, 그래도 엄마는 다른 아이와 노는 것을 허락하지 않고 계속해서 공부를 시켰다. 공부를 시킨 보람이 있었는지 니체는 초일류 기숙학교인 슐포르타에 수업료를 면제받는 특등생으로 입학해 엄마 품을 떠나 생활하게 된다.

슐포르타는 정말이지 스파르타식으로 유명한 엄격한 규율과

금욕주의의 학교였다. 그러나 니체는 병마에 시달리면서도 매우 뛰어난 성적을 거뒀다. 시와 작곡까지 해내는 그의 천재성에 교사들도 두 눈을 의심할 정도였다. 특히 고전어 성적은 엇비슷한 수재 중에서도 월등히 우수했다. 그리고 겨우 만 24세의 나이에 교수가 된다. 순조롭게 출세한 것이다. 니체는 매우 심각한 근시였던 점을 제외하면 풍채도 좋고 음악과 문학적 재능까지 갖춘 덕분에 남편 감 후보로 인기가 많았다.

그러나 니체에게도 부족만 면이 있었다. 니체는 고전어를 구사하고 어려운 책도 간단히 집필해내는 능력이 있었지만, 일상적인 대화 능력은 형편없었다. 특히 이성을 상대로는 무슨 이야기를 해야 할지 알지 못했다. 갑자기 엉뚱한 말을 하기 시작하는 바람에 상대방을 졸도하게 할 뻔적도 있다.

니체는 음악가인 바그너와 만나 친교를 맺기도 했지만, 높은 자존감 탓에 사이가 틀어진 후로는 서로 악담을 주고받는 관계가 되고 말았다. 그 후 여류 작가로 성공하는 루 살로메와도 친해졌으나 결국은 니체의 짝사랑으로 끝나고 만다. 그런데 이는 니체 탓만은 아니었다. 루 살로메 역시 디스커넥트 인류의 선구자라고 불릴 만한 여성으로, 남편이 된 남성에게조차 단 한 번도 섹스를 허락하지 않기 때문이다. 참고로 루 살로메는 더는 아이를 갖기 힘든 나이가 됐을 때 남편 이외의 젊은 남성과 잇달아 관계를 맺었다. 아이가 생긴다는 공포에서 벗어나 순수하게 섹스를 즐긴 것이다.[39]

한편, 니체는 명문가의 아가씨들과는 전혀 말이 통하지 않았다. 젊은 나이에 교수가 된 것은 좋았지만, 동료 교수와의 교류도, 사교계에서의 만남도, 심지어 학생들에게 강의하는 일조차 심하게 부담스러워했다. 결국, 니체는 강의를 쉬고 집에 은둔하게 되었고 복직하지 않은 채 교수직을 그만둔다. 그리하여 만 34세의 젊은 나이로 은퇴한 니체는 적게나마 연금을 받게 되는데, 그 금액은 니체가 교수로 부임한 첫해에 받았던 임금과 같은 액수였다.[40] 이 연금은 훗날 니체의 문필 생활을 뒷받침하게 된다.

니체는 스위스에서도 상당히 도심에서 떨어진 생모리츠에서 마차로 더 깊숙이 들어간 호숫가의 작은 마을 실스마리아를 좋아해, 그곳에 방 하나를 빌려 집필에 전념했다. 지금도 적막한 곳이니 니체가 살았던 140년 전에는 분명 인적도 별로 없는 외딴곳이었으리라. 고립된 환경에서 그는 안락함을 느꼈다. 그곳에서 『자라투스트라는 이렇게 말했다』에 몰두하던 무렵, 니체는 격렬한 두통을 가라앉히기 위해서 아편에 의존해야만 했다. 신경 매독이 뇌에 침범하기 시작한 것이다. 『자라투스트라는 이렇게 말했다』를 완성한 후 3, 4년쯤 후에 니체는 온전한 정신을 잃고 만다.

『자라투스트라는 이렇게 말했다』에서 니체는 초인의 도래를 축복한다. 초인이란 선악의 관념을 넘어서 파괴와 창조 모두를 즐길 수 있는 존재이다.

호모 데우스는 어떤 의미에서 초인이나 마찬가지다. 니체 자신이 초인의 선구자였는지는 둘째치고, 그는 디스커넥트 인간의 선구자였다. 물론 니체 또한 자손을 남기지 않았다.

초인이 도래할지는 알기 어려우나 디스커넥트 인류의 도래는 현실적인 숫자로 관측할 수 있다. 디스커넥트 인류로부터 호모 데우스라는 초인이 탄생할지, 아니면 멸종으로 향할지는 미지수지만, 여태까지 자손을 남기지 못했던 디스커넥트 인류의 선구자들과는 달리 오늘날의 디스커넥트 인류는 안정된 집단으로서 인구에서 큰 비율을 차지하는 존재가 되려 하고 있다.

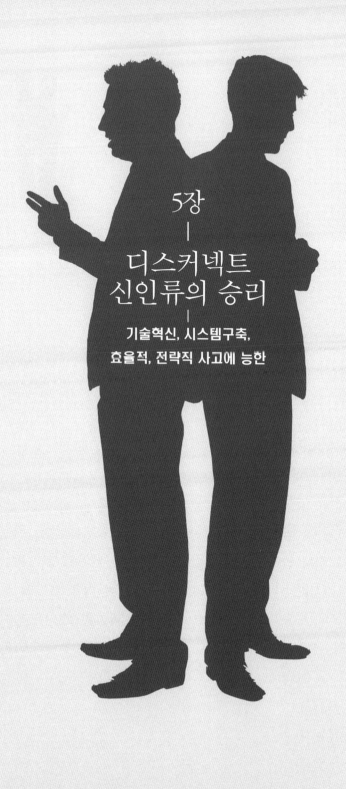

5장
—
디스커넥트
신인류의 승리
—
기술혁신, 시스템구축,
효율적, 전략직 사고에 능한

의지할 사람은 오직 자신뿐

　불안정한 애착 유형 중에서도 디스커넥트 유형에는 커다란 특징이 있다. 그것은 높은 안정성이다. 안정형 애착 유형인 사람도 불합리한 스트레스를 받아 깊이 상처받거나 사랑하는 존재를 잃는 등 괴로운 일을 경험하면 안정형에서 불안정형으로 바뀌기도 한다. 만 1세 시점에 안정형을 보인 아이 중 70%는 성인이 되었을 때 안정형을 유지했지만, 30%는 불안정형으로 변해 있었다.[41]

　한편, 디스커넥트 유형을 보인 사례는 대체로 계속 디스커넥트 유형이었다. 디스커넥트 유형은 타자에 대한 기대치를 낮춰 애정이나 도움을 요구하지 않으며, 의지할 사람은 자신뿐이란 전략을 취함으로써 살아가려 한다. 이로써 속거나 배신당할 위험을 제거한다. 타인에게 의지하면 훨씬 간단히 어려운 상황을 극복할 수 있을지도 모른다. 그런 의미에서 타인을 이용하지 않은 것은 분명 매우 불리한 일이다. 그러나 디스커넥트 유형은 이런 불리함을 무릅쓰더라도 치명적인 타격을 입게 될 위험을 피하고 마음의 평안과 안정을 얻고자 한다.

애착 시스템이 뒷받침하는 유대와 신뢰 관계로 결합한 사회에서 디스커넥트 유형의 전략을 취하는 것에는 단점이 많다. 하지만 애착 시스템이 쇠퇴하고 사회가 유대와 신뢰 관계를 잃어버린 상황에서는 디스커넥트 유형의 전략을 취하는 쪽이 치명적인 상황을 피할 수 있으므로 생존에 유리하다.

디스커넥트 유형이라는 애착 유형의 특성은 일단 획득하면 높은 항상성을 가진다는 점이지만 다음 세대로 반드시 계승되지는 않는다. 한쪽 부모가 디스커넥트 유형으로 아이와 냉정한 관계밖에 맺지 못했다고 해도 다른 한쪽 부모가 아이를 아주 따뜻하게 대하면 아이는 안정형 애착을 획득할 수도 있다. 설령 부모 모두 디스커넥트 유형이라도 주변에 공감 능력을 갖춘 안정형 애착 유형의 사람이 있다면 아이가 안정형 애착을 획득하기도 한다.

그러나 주변에 디스커넥트 유형인 사람이 늘어날수록 안정형 애착을 형성하기 어려워지기 때문에 디스커넥트 유형으로 자랄 가능성이 커진다. 이러한 환경에서는 안정형이 오히려 생존에 불리해지고 디스커넥트 유형이 점차 유리해진다. 디스커넥트 유형에게 유리한 환경적 압력이 지속해서 작용하면 유전자 차원에서도 변화가 일어나 사람들 사이에 디스커넥트 유형의 유전적 특성이 퍼져나간다.

집단의 일부에서만 볼 수 있었던 예외적 상태가 집단 전체로 퍼져나갈 뿐 아니라 이제는 되돌리기 어려워진다. 많은 구성원에게 공유되는 종의 특성(고유 파생 형질)이 되어 가는 것이다.

인류와 유인원을 구별하는 특징은 직립보행, 커다란 뇌, 도구와 불 그리고 언어의 사용이었고, 구인류와 호모 사피엔스를 구별하는 특징이 도구를 가공하는 뛰어난 기술력, 거대한 집단, 상대방의 의도를 꿰뚫는 사회적 인지 능력, 복잡한 내용을 전달하는 높은 의사소통 능력, 혈족이 아닌 사람과의 협력 관계, 추상적 언어와 이미지를 다루는 능력 등이었다. 그럼, 디스커넥트 인류의 어떤 특징이 현생 인류인 호모 사피엔스를 그 자리에서 물러나게 하고 지성이 뛰어난 새로운 생물, 네오 사피엔스를 그 자리에 앉히게 될지, 그 특징을 살펴보도록 하자.

친밀한 관계를 필요로 하지 않는다

디스커넥트 인류의 가장 큰 특징은 친밀한 관계를 필요로 하지 않는다는 점이다. 다른 말로 하면 고독한 환경에 강하다.

친밀한 관계를 맺지 않는 환경에 놓이면 애착을 가진 공감형 인류는 정신이 이상해져서 우울감과 무기력감을 느끼게 된다. 심하면 환각이나 망상에 사로잡혀 정신 착란을 일으키거나 정신 기능이 무너진다. 구치소 등의 독방에 수감된 사람에게 나타나는 간저 증후군(Ganser syndrome)이 대표적인 예다.

애착을 필요로 하는 공감형 인류에게 타인과의 관계가 모조리 던질되는 것은 마실 물이 끊기는 것과 같은 고문이다.

하지만 디스커넥트 인류는 공감형 인류에게 분명 극도의 스트레스일 환경에 손쉽게 적응해버린다. 일 년간 아무도 만나지 않고 그 누구와도 말하지 않고 살아도 고통이나 답답함을 거의 느끼지 않는다. 오히려 쾌적함을 느끼고 안심하기까지 한다. 얼굴을 맞대는 인간관계를 훨씬 번거롭게 여긴다.

프리드리히 니체나 에릭 호퍼(Eric Hoffer) 같은 디스커넥트의 선구자들은 타인과의 친밀한 관계에서 벗어나 스스로 고독한 환경으로 들어갔다. 호퍼는 캘리포니아대학원의 아름다운 여학생이 자신의 재능에 흥미를 느끼고 접근해왔을 때도, 생물학 교수가 잔심

부름하는 일개 아르바이트생이었던 호퍼의 남다른 지식과 뛰어난 관찰력에 놀라 대학의 정식 연구원으로 받아들이려고 했을 때도 행선지조차 말하지 않은 채 모습을 감춰버렸다.

디스커넥트 인류의 탄생 이전에는 이해하기 힘든 괴짜의 행동처럼 비쳤던 일도 집단 차원에서 보았을 때는 이제 무시할 수 없을 만큼 디스커넥트 인간이 증가해 몇백만, 몇천만 명이나 되는 사람이 친밀한 관계에서 벗어난 고독한 삶을 선호하게 된 오늘날에는 지극히 평범한 행동이 되었다.

2019년 3월, 일본 내각부가 조사한 은둔형 외톨이에 관한 결과가 발표되었다. 일본에서 은둔형 외톨이로 추정되는 사람은 115만 4,000명으로, 인구 대비 고작 1%였다.

하지만 디스커넥트 유형이 모두 은둔형 외톨이는 아니다. 언뜻 보기에 밖에 나가 활발히 활동하고 타인과의 접촉이나 교류를 즐기는 듯 보이는 사람도 친밀한 관계나 마음을 여는 신뢰 관계가 결여되어 있는 점이 특징이다.

앞에서도 이야기했듯이 유럽에서는 성인의 30%가 디스커넥트 유형이고, 북아메리카에서도 20%에 육박한 상태다. 젊은 층에서는 그 비율이 더 높아서, 일본에서는 과반수에 달한다고 한다. 더욱 문제가 심각한 회피성 인격 장애의 경우, 미국에서는 1990년대에 성인의 0.5%~1%에 불과했던 유병률이 2001~2002년의 조사에서는 2.4%, 2007년에는 5.2%로 나타났다. 회피성 인격 장애가 급속히 퍼지고 있는 것이다.

인구의 과반수가 디스커넥트 유형이고 10~20%가 회피성 인격 장애인 날도 머지않은 듯하다. 그러나 이러한 상황이 됐을 때 이제 부정적 의미는 사라지고 오히려 표준 유형이 될 것이다.

회피성 인격 장애와 디스커넥트 유형의 커다란 차이점은 회피성 인격 장애의 증상이 더 심각하다는 점이다. 하지만 이보다 더 큰 결정적 차이가 있다. 그것은 회피성 인격 장애로 괴로워하는 사람은 친밀한 관계를 원하면서 친밀한 관계가 두려워서 피해버린다는 딜레마를 안고 있는 반면, 디스커넥트 유형인 사람은 더는 친밀한 관계를 원하지 않는 까닭에 안정되어 있나는 점이다. 회피성 인격 장애에서 나타나는 애착 유형은 대개 디스커넥트 유형이 아닌 '두려움-디스커넥트'라는 유형이다. 가까이 다가가고 싶지만 다가가지 못하기 때문에 괴로운 것이다.

이러한 의미에서 디스커넥트 유형이 더욱 퍼져서 일반화되면 이와 같은 딜레마는 점차 사라진다. 아니, 오히려 감소하게 된다. 디스커넥트 유형의 비율은 점점 늘어도 회피성 인격 장애로 괴로워하는 사람은 오히려 줄어드는 것이다. 회피성 인격 장애는 아직 애착이 남아있는 데서 비롯된 과도기적 현상으로 머지않아 극복되어가리라. 이제 친구를 원하지만 친구가 없다거나 친해지고 싶지만 그렇게 되지 못한다며 고민하지 않아도 된다. 디스커넥트 인류가 탄생한다는 의미는 바로 여기에 있다.

디스커넥트 인류는 섹스를 하지 않는다

친밀한 관계의 으뜸은 성적으로 맺어지는 관계다. 섹스는 내인성 마약이나 도파민을 나오게 할 뿐 아니라 옥시토신 분비량을 높임으로써 성적 파트너에게 강하게 애착하도록 하고 심리적은 물론 생리적으로도 결합한 유대를 형성한다.

하지만 옥시토신계 기능이 저하한 디스커넥트 인류의 경우, 파트너와의 사이에 성적 쾌감은 있어도 그 관계는 안심감을 동반하지 않는다. 쾌감 또한 슬롯머신이나 슈팅 게임이 주는 쾌감과 별반 차이가 없다. 그 쾌감은 한순간으로, 다음 순간에는 상대방이 성가시게 느껴진다. 슬롯머신이나 게임을 잘하지 못하면 게임이 일찍 끝날 뿐이다. 하지만 섹스 테크닉이 서툴거나 파트너와 호흡이 맞지 않으면 쾌감은커녕 상대방이 쏟아내는 불만을 듣거나 밀침을 당하고 뺨을 맞게 된다. 따라서 상대방의 성적 욕구를 자극하거나 상대방의 비위를 맞춰가며 수단을 바꿔야만 한다. 디스커넥트 인류에게 이와 같은 상호적 응답성이 얽힌 소통만큼 성가시고 서툰 일도 없다. 디스커넥트 인류가 연애와 섹스를 회피하게 된 것은 지극히 필연적인 결과였다. 오늘날 완성형에 가까운 디스커넥트 인류는 보통 섹스를 하지 않는다.

일본에서 2010년대에 실시한 조사에서는 이미 20대 독신 남성의 40% 이상이 이성과 사귄 경험이 없고,[42] 30대 미혼 남녀의 25% 이상이 섹스한 적이 없다고 대답했다.[43] 디스커넥트 인류 중에는 오히려 섹스하는 사람이 더 드물며, 인간과 하는 적나라한 섹스는 조금 비정상적인 행위라고 생각한다.

섹스 욕구가 사그라들게 된 배경으로는 섹스에 뒤따르는 불쾌함을 견디지 못하게 되면서 섹스로 얻게 되는 쾌감이 약해졌다는 점을 꼽을 수 있다.

디스커넥트 유형인 사람은 옥시토신이 제대로 분비되지 않는데, 이는 섹스로 얻게 되는 쾌감의 질에도 영향을 끼친다. 디스커넥트 유형인 여성은 옥시토신이 많이 분비되지 않는 탓에 오르가슴을 맛보기 어렵고 성적 흥분의 지속 시간도 짧다.

한편 옥시토신이 제대로 분비되지 않는 남성은 발기가 잘 일어나지 않는다. 옥시토신이 작용하지 않은 상태에서 성적으로 흥분하면 교감 신경만 긴장하게 되므로 발기에 지장이 생기는 것이다. 남성이 발기하려면 편안한 상태에서 성적으로 흥분해야 한다. 높은 긴장감은 이른바 발기 불능을 초래한다. 익숙하지 않은 상대와 섹스하려 할 때 남성은 종종 발기 불능이 되어버린다. 마음만 앞설 뿐 안심감을 느낄 수 없으므로 교감 신경이 지나치게 긴장해서 발기가 제대로 되지 않는 것이다. 때로는 발기되지 않는 채 사정만 하기도 한다.

디스커넥트 인류는 섹스로 얻는 쾌감보다 고통이 더 크기 때문에 섹스에 적극적이지 않다. 가끔 섹스하려고 해도 뜻대로 되지 않는 때가 많았던 탓에 점점 섹스를 꺼리게 되었다.

섹스를 기피하는 특성이 자손을 남기는 데 불리하다면, 이러한 경향에는 제동이 걸리기 마련이므로 절대 종 전체로 퍼져나가지는 않는다.

그러나 생식 혁명으로 섹스를 기피하는 특성이 이제 자손을 남기는 데 불리하지 않고, 오히려 똑같이 섹스를 기피하는 파트너로부터 선택받는 조건이 된다면, 그 행동 패턴은 종 전체로 퍼져나간다. 이는 단순히 행동 차원이 아니라 유전자 차원에서 일어나는 변화가 된다. 영국의 생물학자 콘래드 와딩턴은 환경이 특정 형질을 지속해서 선택함으로써 단지 일과성으로 일어난 적응 반응이 점차 유전적 특성으로 치환되는 현상을 '유전적 동화'라고 불렀다. 어떤 특성, 또는 행동이 증가하는 환경이 계속 이어지면 그 특성이나 행동은 유전자에 편입되어 가는 것이다.[44] 처음에는 단지 환경에 대한 일시적 적응이었던 특성이 유전자로 치환되어 간다. 섹스리스 경향은 유전적 형질로서 디스커넥트 인류에 편입된 것이다.

아이는 사회가 키운다

디스커넥트 인류는 섹스는 물론 육아에도 서툴다. 육아는 옥시토신의 작용으로 이루어지는 부분이 크다. 옥시토신의 작용이 약한 디스커넥트 인류는 아기를 보아도 섬뜩하다고 느낄 뿐 귀엽다고는 생각하지 않는다. 또 우는 아이를 어떻게 얼러야 할지도 모른다. 디스커넥트 인류에게 아이는 버튼이 어디에 있는지 모르는데 끊임없이 울리는 자명종 시계와 같다. 사용설명서가 없으면 불안해지는 디스커넥트 인류는 아이 또한 인간이 아닌 물건처럼 취급하려고 하며, 설명서대로 되지 않을 때는 공황 상태에 빠진다.

이러한 디스커넥트 인류가 억지로 육아를 하려고 할 때 종종 비극이 일어난다. 심하게 운다는 이유로 아이를 냉장고에 넣고 자물쇠를 채우거나 쓰레기 투입구에 던져버리는 사건도 일어난다. 아이에게 규칙이나 약속을 지키라고 말했는데 전혀 말을 듣지 않는다며 완전히 피폐해져서는, 아직 어린 아이를 칼로 위협하기도 하고 머리부터 욕조에 집어넣으려 하기도 한다.

디스커넥트 인류는 모든 것을 공감이 아닌 규칙과 복종으로만 생각한다. 말하는 대로 하지 않는 것은 곧 규칙을 위반하는 행위이므로 분노하고 벌할 수밖에 없다. 아이가 응석을 부리고 일부러 말을 듣지 않는 일은 매우 흔하지만, 디스커넥트 인류에게는 이러한 응석이 통하지 않는다. 아이의 반응은 단지 프로그래밍의 오류일 뿐이라고 생각한다. 제대로 작동하지 않는 로봇은 버리고 싶어지듯이 순순히 말을 듣지 않는 아이는 창문에서 던지고 싶어진다.

디스커넥트 인류의 과제는 생식 행위와 더불어 '육아를 어떻게 할 것인가'라는 점이다. 그러나 섹스가 생식 의료의 발달로 불필요해졌듯이 육아에서도 커다란 변화가 일어나 디스커넥트 인류에게 은혜를 가져다주었다. 아이는 부모가 아닌 사회가 키운다는 원칙이 확립된 것이다.

이 원칙이 확립된 이유는 애착이 희박해져서 엄마에게 어린 자녀를 떼어 놓는 일이 더는 고통이 되지 않았기 때문이다. 디스커넥트 인류는 포유류이면서 포유류의 탄생 이래 쭉 이어져 온 육아라는 속박에서 해방된 것이다.

물론 여전히 직접 아이를 키우려는 사람도 있지만, 영아 단계부터 사회가 무상으로 돌봐준다면 자신의 손으로 아이를 키우는 사람은 매우 불리해진다. 스스로 아이를 키워야 한다는 부담이 없으면 더욱더 가벼운 마음으로 자손을 늘릴 수도 있고, 돈을 버는 데 시간을 쓸 수도 있는 까닭이다. 아이를 돌보지 않는 편이 유리한 상황이 늘면서 아이를 돌본다는 유전적 특성은 급속히 쇠퇴하고 있다.

정서적 활동이나 공감성이 부족하다

디스커넥트 인류의 또 다른 특징은 정서적 활동이 부족하고 희로애락이나 감정적 반응 및 표현이 부족하다는 점이다. 이 특징은 친밀한 관계를 피하려는 성질과 매우 밀접하게 연관되어 있다.

정서적 활동에서 중요한 역할을 담당하는 기관은 희로애락이란 정동(情動)의 중추인 편도체다. 디스커넥트 유형 뇌의 특징은 편도체 등 정동과 관련된 영역에서 신경 섬유의 통합성이 낮고, 이 영역이 발달하지 않았다는 점이다.[45]

감정이 희박할 뿐 아니라 희로애락의 감정도 확실히 분화되지 않았다. 누군가 감정을 물었을 때 대답하지 못하는 것은 미분화한 감정만 있고 미각이 발달하지 않은 사람이 무엇을 먹든 '맛있었다' 또는 '맛없었다'라고만 대답하는 상황과 똑같다.

대뇌는 엄청난 수의 신경 세포가 모인 표층 부분인 회백질과 그 밑에 퍼져있는 백질로 되어 있다. 백질은 신경 섬유 다발로 이루어져 하얗게 보이기 때문에 이런 이름이 붙었다. 백질에 있는 신경 섬유의 주행 방향이 통일되어 질서정연하면 신호가 효과적으로 전달되지만, 흐트러져서 무질서하면 온갖 오작동이 일어나기 쉽다.

보육원 등의 시설에서 자란 아이는 백질 내 신경 섬유의 주행 방향이 흐트러진 정도가 심하며, 이는 시설에서 자란 기간에 비례한다. 또 신경 섬유의 주행 방향이 흐트러진 정도는 부주의나 과잉 행동 같은 증상과도 관련되어 있다.[46]

엄마가 감수성이 풍부해서 아이의 정서적 반응에 제대로 자신의 감정을 맞춰서 반응해주면 뇌 신경 섬유의 통합성이 높아져서 정동에 관한 영역이 조직적으로 변하고 고도로 분화한다. 반대로 엄마의 보살핌이나 반응이 부족하면 이 과정에 문제가 생긴다.

하지만 디스커넥트 유형이 되는 까닭은 정동의 미발달이나 미분화뿐만이 아니다. 디스커넥트 유형이 냉담하고 마치 감정이 존재하지 않는다는 듯이 냉정한 것은 또 다른 특징과 관련되어 있다. 그 특징은 정서적 반응에 관한 영역의 활동을 전두전야가 억제하고 있다는 점이다.[47] 디스커넥트 인류에게는 정서가 발달하지 않아 혼란에 빠지기 쉽다는 경향과 정서를 억제하는 경향이 모두 나타난다. 다만 이 억제는 완벽하지 않으므로 어느 한계를 넘어버리면 제어할 수 없게 된다. 따라서 미분화한 감정에 압도되어 혼란스러워지는 점도 특징이다.

또 다른 문제는 감정을 억제하는 디스커넥트 유형의 전략이 불쾌한 반응뿐 아니라 기쁨의 반응이나 기분에 관한 작용까지 억제해버린다는 점이다. 타인의 기분을 이해하거나 공감하는 영역의 활동도 좋지 않다. 기쁨이나 공감하는 마음이 샘솟지 않으면 어떻게 될까. 자녀나 아내의 얼굴을 보아도 사랑스럽다는 느낌이 들지 않을뿐더러 귀여워하려는 마음도 들지 않을 것이다. 감정을 알아채지 못하면 건넬 말도 없으므로 함께 있어도 서로 숨이 막힐 뿐이다.

어느 연구에서 아직 아이가 없는 젊은 여성에게 아이의 표정을 보여주고 따라 하거나 관찰하거나 똑같은 기분을 느껴보게 하면서 그동안의 뇌 상태를 기능적 MRI로 기록하여 디스커넥트 유형과 안정형을 비교해보았다. 그 결과, 디스커넥트 유형 여성에서는 운동이나 모방과 관련된 영역, 정동과 관련된 영역이 과도하게 흥분되어 있었지만, 기분을 알아채거나 인식하는 영역은 활동이 저하되어 있었다.[48] 똑같은 기분을 느끼려고 해도 엉뚱한 감정만 고조될 뿐 아이의 기분에 제대로 다가가지 못하는 것이다. 이 논문의 저자들은 디스커넥트 유형 여성은 어린 시절에 거절당하거나 보호받지 못한 경험 탓에 정서가 원활히 조절되지 않는다고 주장했다. 또 동시에 애착 행동이나 공감 영역을 억제해 기분을 느끼지 않으려 한다고 고찰했다.

평소에는 얌전한지만 화가 나면 무슨 짓을 할지 모른다는 등, 디스커넥트 유형은 때때로 양면성을 보인다. 이 양면성은 미분화한 뇌 구조 때문에 생기는 혼란해지기 쉬운 경향을 오로지 억제함으로써 감추고 있다가 어떠한 계기로 그 미숙한 반응이 드러나 버리는 데서 비롯된 것이다.

디스커넥트 인류의 뇌가 향하는 곳은

디스커넥트 인류의 뇌와 마음이 앞으로 어떻게 진화할지를 예측할 때, 인터넷 같은 환경에 심하게 노출된 사람들의 뇌에 어떤 일이 일어났는지를 안다면 조금이나마 도움이 될 것이다. 지금까지 역사는 처음에 지극히 예외적으로 보였던 사건이 머지않아 일반화되어 당연한 사건으로 변화되어 가는 과정을 반복해서 보여주었다. 극단적인 환경에서 일어난 예외적 사건은 항상 시대를 선점하여 우리의 미래를 예언하는 것이다.

밀도 높은 정보에 장시간 계속 노출된다는 점에서 인터넷 게임 의존증 환자의 뇌는 가장 극단적인 환경에 놓여 있다. 어떤 의미에서 그들은 시대를 몇십 년이나 선점해, 뇌의 진화라는 측면에서는 최첨단을 달리는지도 모른다. 인터넷 게임 의존증 환자의 뇌에 벌어지는 일은 우리의 뇌에 앞으로 수십 년 안에 일반화될 변화를 아는 이정표가 된다.

인터넷 게임 의존증 환자의 뇌는 양측 편도체의 회백질(신경 세포가 모인 부분) 밀도가 낮다. 또 안정된 상태일 때 편도체와 전두전야의 기능적인 결합이 저하되어 있다.[49] 편도체가 날뛰는 말이라면 본래 전두전야는 이 말을 능숙하게 다루는 기수나 고삐 같은 역할을 한다. 기능적으로 단단히 결합한 상태일수록 잘 제어되고 있다고 본다. 인터넷 게임 의존증 환자는 이 결합이 저하된 상태이므로 종종 편도체의 폭주를 막지 못한다. 실제로 심각한 인터넷 게임 의존증의 증상으로 강한 충동성을 꼽는다.

한편, 편도체의 회백질 밀도는 PTSD(심적 외상 후 스트레스 장애)일 때도 저하되며, 감정이 둔해지는 것과 밀접하게 연관되어 있다. 감정을 느끼지 않음으로써 자신을 지키려는 것이다. 앞서 디스커넥트 유형인 사람은 편도체에 있는 신경 섬유의 통합성이 저하된 상태라고 이야기했다. 여기에 신경 세포 수 자체가 감소함으로써 정서적 반응이 희박해진다고 추측된다.

인터넷 게임 의존증의 경우, 전두전야의 기능 저하뿐 아니라 구조적 이상이 많이 보고되었다. 그중에서도 특히 안와 전두 피질이라는 영역의 이상이 주목받고 있다. 안와 전두 피질은 의욕이나 행동 억제, 자아 성찰 능력에 관여하고, 선악 등의 가치 판단에서도 중요한 역할을 담당하는 부위다. 좋은 일은 의욕적으로 열심히 하고 나쁜 일은 하지 않는 식으로, 액셀과 브레이크를 구분해서 밟는 것이다. 여기에 이상이 생기면 해롭다는 사실을 알아도 멈추지 못한다. 인터넷 게임에 빠진 기간이 긴 사람일수록 이 영역의 부피가 작았다.[50] 신경 세포가 감소하여 위축된 것이다. 인터넷 게임을 해본 적 없는 사람과 비교했을 때, 특히 오른쪽 안와 전두 피질의 부피가 눈에 띄게 작았다.

여성이 아이를 낳아서 키우면 오른쪽 안와 전두 피질이 커진다는 학계의 보고도 있어, 오른쪽 안와 전두 피질은 아마도 '어머니 뇌'로서 기능한다고 추측된다. 또 옥시토신이 분비되었을 때도 커지므로 상냥함이나 너그러움과 깊이 관련된 듯하다. 그런데 인터넷 게임 의존증인 사람은 이 부위가 쪼그라드는 것이다.

인터넷 게임을 해본 적 없는 사람도 게임을 시작하게 되면 단기간에 왼쪽 안와 전두 피질의 부피가 감소한다고 한다. 왼쪽 안와 전두 피질은 2011년의 동일본 대지진 때도 보고되었듯이 PTSD일 때 그 부피가 감소하며, 무기력, 기쁨이나 자존감 저하와도 관련되어 있다.

그 밖에도 보고에 따르면 인터넷 게임 의존증인 사람은 공감이나 감정 조절, 위험 인지, 주의와 관련된 앞쪽 대상 피질이나 통증과 관련된 도피질 등의 부피 또한 감소한다고 한다.

디스커넥트 인류는 게임이나 인터넷이 생활의 많은 부분을 차지하게 될 가능성이 높다. 따라서 오히려 많은 사람이 인터넷 게임 의존증인 사람에게서 나타나는 뇌의 변화를 공유하게 될 것이다.

가혹한 트라우마나 학대로부터 살아남기 위해 사람은 감정을 느끼는 회로를 차단하고 그 기능을 버림으로써, 제정신을 유지하려고 한다. 인터넷 게임에 빠진 사람들은 베테랑 병사가 베트남이나 이라크인들을 벌레처럼 죽여서 1, 2년간 습득한 것과 똑같은 변화를 단기간에 획득해버린다. 하루에 10시간 이상이나 군사 캠프에 맞먹는 혹독한 훈련을 함으로써, 죄책감은 물론 양심의 가책까지 버린 살인 기계 같은 냉혹한 마음을 목표로 자신을 부지런히 단련한다.

이렇게 단련하는 이유는 그들이 의존증이기 때문이기도 하고,

또 이렇게 하는 편이 그들에게 편하고 생존하기 쉬운 까닭이다. 인정이라는 점에서 볼 때, 사막 같은 환경에 적응하려면 감정이나 상냥함 따위를 버리는 편이 자신에게 유리하다. 아무 감정도 느끼지 않아야 삶이 더 편한 것이리라.

디스커넥트 인류는 점점 위와 같은 삶을 선택할 것이다.

여기에서 발전하여 더욱 강해지게 될 디스커넥트 인류의 특성은 무엇일까. 디스커넥트 인류는 자폐적이고 동정심과 애정, 공감성이 부족하여 타인에게 무관심하고 아이나 육아에도 흥미가 없다. 또 사람을 물건처럼 취급하고 매사에 무기력하지만 자기 뜻에 반하는 일이 생기면 거센 분노에 사로잡혀 충동적인 공격성을 폭발시킨다는 양면성을 더욱 극단적인 형태로 보이게 될 것이다.

그중에서도 충동적인 폭발은 디스커넥트 인류에게 있어 위험한 부정적 측면이다. 디스커넥트 인류는 거리를 둔다는 전략을 철저히 수행하여 안전을 확보하려고 한다. 여기에는 친밀한 관계가 된 후 거절 또는 방치당했던 예전의 경험이 되살아남으로써, 제어할 수 없는 분노나 파괴적 충동에 사로잡히는 자신으로부터 서로를 지킨다는 의미도 있다. 함께 있지 않는 편이 만일의 경우 더 안전한 것이다.

그래도 함께 있는 편이 좋다고 여겼을 때 수많은 비극이 일어났다. DV(가정 내 폭력) 같은 갈등 또한 익숙하지 않은 친밀한 거리에서 함께 살려고 한 결과였다. 이에 대한 가장 효과적인 대처법이

별거였다는 사실에서도 드러나듯이, 지나치게 가까운 거리에서 생활한 탓에 맞이하게 된 비극이었다.

단독 생활이 기본이다

따라서 디스커넥트 인류가 단독 생활을 기본으로 하는 생활양식에 도달하게 된 것은 자연스러운 결과였다. 특별한 예외로서 육아에 필요한 최소한의 기간은 아이와 함께 살기도 하지만 그 시기가 끝나면 재빨리 단독 생활로 돌아간다. 예외적으로 사랑의 밀월 기간에 애인과 동거하는 사람도 있다. 그러나 동거 기간이 끝날 무렵에는 대개 두 사람 모두 서로에 대한 혐오감으로 가득 찬 상태가 된다. 이렇게 되지 않으려 보통 교제할 때 동거는 하지 않고 밀회할 때만 동침하는데, 동침조차 꺼리는 사람이 점차 다수파가 되고 있다.

2000년대 초 일본에서는 단독 세대가 늘어나기 시작해, 몇십 퍼센트쯤 되는 노인이 홀로 살게 되었다. 이 이야기를 들은 한 부탄인은 자신도 모르게 '불쌍하다'며 눈물을 흘렸다고 한다. 당시 부탄은 아직 대가족으로 사는 풍습이 남아있었기 때문이다.

이후 부탄의 사회조차 점점 변해가지만, 당시 부탄은 애착이 강하게 남은 사회였다고 할 수 있다. 부탄은 경제적으로 빈곤한 나라인데도 행복도가 매우 높다는 점이 전 세계의 주목을 받았는데, 분명 가족 간의 강한 유대가 애착 시스템을 안정시켜 행복에 기여했을 것이다.

반면, 극도의 개인주의 사회인 스웨덴 등에서는 홀로 고독하게 맞이하는 죽음을 당연하게 여긴다. 스웨덴을 이상적인 사회라고 우러러보며 그 뒤를 쫓아갔던 일본에서도 단독 세대의 비율이 2020년에는 35% 이상을 차지하리라 예상되면서 고독사의 증가가 우려되었다. 하지만 디스커넥트 인류에게 고독사란 자살, 안락사와 더불어 가장 자연스러운 최후라고 할 수 있다.

참고로 디스커넥트 인류는 죽음을 그다지 슬퍼하지 않는다. 슬픔이라는 감정은 애착을 기반으로 하여 생기는 대상 상실의 아픔에서 비롯된다. 애착하지 않는 디스커넥트 인류는 대상 상실의 아픔과도 연이 없다. 친구와 헤어지거나 한 침대를 쓰는 이성과 거리가 멀어지는 상황도 단지 상대를 이용하지 못하게 된다는 의미밖에 없다. 오랜 기간 함께 살았던 파트너와의 이별이나 친구의 죽음조차 동요하지 않고 담담하게 받아들인다. 때때로 더는 자신을 돌봐주지 않는 상대에게 분노를 느끼기도 하지만, 이는 상대에 대한 배려나 상실의 슬픔이 아니라 자기애의 분노일 뿐이다. 애착이 없는 디스커넥트 인류는 심지어 친족조차 이용 가치로만 판단한다. 애초에 친족이나 가족이란 말조차 지금은 거의 쓰지 않는 말이

되어버렸지만 말이다.

집단에 대한 혐오와 공포

디스커넥트 인류를 설명할 때 그들의 본성을 이해하기 위한 중요한 특성은 집단을 강하게 혐오하고 두려워한다는 점이다. 디스커넥트 인류가 허용하는 집단 구성원 수는 고작 2명이다. 3명 이상이 모인 광경을 보기만 해도 온몸에 긴장감이 돌고 마치 움직임이 멈춰버릴 것 같은 느낌이 든다. 무리 지어 있는 집단을 보기만 해도 유대인이 신나치주의 집단을 보았을 때 느낄 법한 혐오와 공포를 느끼는 것이다.

디스커넥트 인류는 항상 집단의 위협을 받아 왔다. 디스커넥트 인류에게 그 위협은 초·중학교의 교실에서 반 아이들에게 괴롭힘을 당한 이래 뿌리 깊은 트라우마로 남아 있는 까닭에, 디스커넥트 인류의 유전자에도 집단 괴롭힘에 대한 혐오가 새겨져 있다.

디스커넥트 인류의 선조가 맛보았던 지독한 괴로움은 유전자로서 계승되었으므로, 디스커넥트 인류는 사람이 모여있는 광경을 보기만 해도 가슴이 벌렁거린다. 모여있는 사람을 보면 틀림없이 자신의 험담을 하며 자신을 괴롭힐 짓궂은 계획을 짜고 있다고 생각한다.

누군가가 친근하게 다른 사람에게 접근해서 귓속말이라도 하면, 그것만으로 불안을 느끼고 자신의 거처가 위협을 받았다고 느낀다. 자신은 누구와도 친구가 되고 싶지 않지만, 친구와 즐겁게 잘 지내는 사람이 있다는 사실은 마치 자신을 부정하는 것만 같아 소외감을 느낀다.

디스커넥트 인류의 윤리관에서 보면 타인에게 이와 같은 관심을 가지고 타자와 자신을 비교하는 행위 자체가 공감형 인류의 어리석은 유물이므로, 디스커넥트 인류로서는 아직 완성되지 않았다고 생각할지도 모른다. 그러나 현실적인 문제로서 많은 디스커넥트 인류는 집단이나 무리 지어 있는 사람들에게 강한 혐오와 경계심을 금하기 어렵다.

충분히 확보된 거리가 안전감과 안도감을 준다

무리 짓기를 꺼리는 디스커넥트 인류에게 3명 이상이 모여서 사교를 즐기는 행위는 지극히 예외적으로, 특별한 이벤트에 국한된다. 기본적으로 디스커넥트 인류는 친구를 필요로 하지 않는다.

다만 디스커넥트 인류도 통화하거나 함께 게임을 즐길 놀이 친구, 그리고 자신의 플레이를 칭찬해줄 관객은 필요하다. 애착이 없는 디스커넥트 인류에게 그런 친구는 불특정 다수로 충분하며 그편이 깔끔하다. 특정한 개인적 관계가 지나치게 깊어지면 이런 저런 부담이나 리스크가 커진다. 사람에게 집착하는 공감형 인류와 가까이하는 행위는 디스커넥트 인류에게 위협적이다. 누군가가 치근대거나 스토커 행위를 할 위험도 있다. 감정 에너지를 소모하는 행위는 디스커넥트 인류에게 온몸의 털이 곤두서는 것만큼이나 불쾌한 일이다.

디스커넥트 인류끼리는 거리를 둔 교제를 선호하는 까닭에 비교적 문제없이 놀이 친구로서 관계를 맺을 수 있다. 기본적으로 상대방의 사생활에 끼어들지 않으며 본심을 내비치지도 않는다. 감정을 노출하는 일 또한 지극히 드물다.

디스커넥트 인류끼리는 거리를 유지하면서 쾌적하게 생활할 수 있다. 충분히 확보된 거리가 안전감과 안도감을 준다. 연애할 때도 메시지를 주고받을 뿐 거의 직접 얼굴을 마주하지 않는다. 얼굴을 맞대는 행위는 불쾌감과 실망감을 안겨줄 뿐이다. 연인 관계를 유지하려면 상대방을 알지 못하는 편이 유리하다. 나머지는 상상력으로 채워야 한다.

안정된 디스커넥트 유형의 특징을 보이는 완전한 디스커넥트 인류는 냉정하고 똑똑한 스타일을 확립한 덕분에 애착하지 않는 생활양식에 완벽히 적응한다. 하지만 디스커넥트 유형이라도 불안정한 요소가 있어서 완벽하게 탈 애착이 일어나지 않은 사람은 은근히 애착에 굶주려 있는 탓에 완전한 디스커넥트 인류와의 관계에서 종종 갈등을 일으킨다.

기계화 되어간다

호모 사피엔스가 다른 종을 압도할 만큼 성공을 거둔 이유 중 하나는 커다란 무리를 유지할 수 있었기 때문이다. 천만, 때로는 수억 명의 구성원이 하나의 집단을 형성하고 역할 분담이 이루어진 복잡한 사회를 구성하는 것은 다른 어떤 포유류도 따라 하기 어려운 기발한 행동이다. 그 수로 인류와 맞먹는 생물은 개미의 거대한 집단 정도인데, 개미의 역할 분담은 상당히 단순해서 그 복잡함으로는 인류의 작은 마을에조차 미치지 못한다.

한편 원숭이가 그만큼 거대한 무리를 형성하지 못하는 이유는 크게 두 가지다. 첫 번째는 식량 공급과 의사소통 문제다. 원숭이의 인프라와 경제 제도로는 수천 마리의 무리조차 그 무리를 부양하기 위한 식량 조달 제도를 만들고 유지할 수가 없다. 게다가 대립이 일어나면 더는 무리를 통제하기도 어려워진다. 따라서 곧바로 뿔뿔이 흩어졌다 모이기를 반복하다가 적당히 작은 무리로 분열될 것이다. 거대한 무리를 통합하려면 그만큼의 질서를 유지할 제도가 필요한 것이다. 그러려면 많은 학자가 지적하듯이 상징 기능을 가진 추상적 언어가 있어야 한다.

그러나 개미는 추상적인 언어 없이도 거대한 사회를 유지한다. 어째서 개미에게는 가능하고 원숭이에게는 불가능할까. 지능이란 점에서도 사회성 능력이란 점에서도 원숭이가 개미보다 훨씬 뛰어날 텐데 말이다. 그 이유는 원숭이에게는 애착이 있어서 개체의 특별성을 보유하지만, 개미에게는 애착이 없어서 자기라는 특별한 존재가 없고, 개체도 아니기 때문이다. 개미는 전체의 질서와 신호에 따를 뿐이다.

애착이 있는 구인류 호모 사피엔스는 어떨까. 너무나도 거대화된 네트워크에서 아직 개개인의 공감적 관계에 얽매이는 호모 사피엔스는 당혹감을 느낀다. 애착이라는 족쇄 탓에 사실은 서로 얼굴을 기억하고 인사를 주고받을 수 있는 백 명쯤 되는 사회를 쾌적하다고 느낀다. 수만 명, 수억 명이라는 거대 사회나 무기질적인 광섬유 네트워크로만 이어진 사회는 어쩐지 마음이 불편하다. 애착과 공감 능력이 있기 때문에 무기질적인 디지털 신호일 뿐인 존재에게조차 공감적 관계나 따뜻한 인정을 요구한다. 즉 완벽히 기계가 되지는 못한다. 생존하려면 이 위화감을 극복해야 하므로 이와 같은 환경에서 비롯된 선택 압력이 바로 애착을 버린다는 것이다.

탈 애착에 성공한 디스커넥트 인류는 각 구성원과의 관계를 희박하게 만들어 무리를 각각의 개체로 해체함으로써, 더욱 거대해지고 복잡해지는 네트워크에 적응하게 되었다. 디스커넥트 인류는 인정이나 따뜻함 등을 질색할 뿐 아니라 오히려 스스로 기계처럼 되기를 바란다. 기계가 되는 편이 아무것도 느끼지 못할뿐더러 그 어떤 일에도 괴로워할 필요가 없는 까닭이다. 이는 차가운 무기질적 사회에 딱 들어맞는 특성이다.

실제로 디스커넥트 인류는 기계처럼 변해갈 것이다. 애착을 점점 상실한다는 것은 특별한 개인과의 관계가 사라져간다는 뜻이다. 그렇게 되면 개성이나 자기(自己) 같은 개념은 의미를 잃는다. 특별히 사랑해주는 존재가 있기 때문에 자기는 자기로서 의미가 있다. 특별함을 잃어버리면 자기는 무수히 많은 개체 중 하나일 뿐이다. 삶의 의미가 사라지지만 죽음의 공포 또한 사라진다. 수명도 죽음도 아무런 의미가 없다. 이제 자신이라는 존재가 의미를 잃어버리는 까닭이다.

감정이 폭발하는 이유는 어떤 의미에서 아직 완벽하게 기계가 되지 못했기 때문이다. 인간인 부분이 반란을 일으켜서 감정을 되찾으려 하는 것이다.

그러나 더욱더 기계와 일체화되어 감정을 버릴 수 있다면 야만적인 정동의 저항도 결국에는 멈추는 때가 온다. 곤충처럼 효율적으로 신호만 전달하려면 개개인의 정보 전달에 불필요한 에너지를 사용하고 있을 수만은 없다. 각자의 감정은 단지 비효율적인 에너지 낭비에 불과하다. 디스커넥트 인류는 그 선조 때부터 이와 같은 기준으로 생활하고 있다.

디스커넥트 인류의 의사소통

이러한 까닭에 디스커넥트 인류의 의사소통은 에너지 효율을 중시한다. 디스커넥트 인류가 대면 의사소통을 선호하지 않는 데에는 몇 가지 이유가 있지만, 한 가지 이유는 에너지의 불필요한 소모를 피하기 위해서다. 물론 불쾌하다는 점도 크다. 얼굴을 맞대고 직접 이야기하는 행위는 물론 화면 너머로 서로의 얼굴을 보면서 이야기하는 행위도 불편해한다.

이러한 경향은 이미 생후 4개월 즈음에 그 징후를 구분할 수 있을 정도다.[51] 장래에 디스커넥트 유형이 되는 아이는 엄마와 마주 보고 있어도 눈을 맞추는 시간이 짧으며 곧바로 시선을 피해버린다. 엄마의 얼굴을 봐도 그다지 즐거워 보이지 않고 표정 또한 풍부하지 않다. 엄마가 자신의 입을 만지는 등 자기 위무(慰撫) 행동을 하면 바라보는 시간이 조금 늘어난다. 하지만 그것은 엄마와 눈을 마주치는 행위 자체가 기쁨이나 위로가 되지 않고, 다른 데서 위로를 찾으려 한다는 사실을 보여준다.

어린 시절부터 얼굴을 마주하는 행위 자체가 기쁨이 아닌 번거로운 일인데도 공감형 인류와 똑같이 행동하고자 노력했던 시대도 있었다. 하지만 오늘날 디스커넥트 인류는 자신들의 특성을 억지로 감추려 하지 않는다. 공감형 인류의 방식에 맞추기를 그만두고 자신들에게 적합한 방식으로 생활한다.

디스커넥트 인류는 다른 사람과 직접 얼굴을 마주할 일이 거의 없고, 의사소통은 대개 메시지만으로 한다. 이 방법은 자신의 본래 모습을 드러내지 않아도 되므로, 디스커넥트 인류에게 가장 적합한 방법이다. 화면 너머로 대화를 하는 방법은 상당히 가까운 관계에서만 허용되는 특별한 일이다. 많은 사람이 자신의 목소리를 다른 사람에게 들려주는 일조차 자신을 지나치게 노출하는 행위라고 느낀다.

방에 틀어박혀서 고글까지 착용하고 이중 삼중으로 자신을 감춘 채 외부 세계의 직접적 자극이나 시선이 아닌 컴퓨터가 만들어낸 3D 화상을 매개로 한 유사 현실 속에 있을 때만 겨우 안심감이 보장된다.

옷을 몸에 걸쳐서 알몸을 감추듯이, 디스커넥트 인류에게는 직접 얼굴을 마주하는 행위를 피하는 것이 지극히 당연한 습관이자 예의다. 아무런 개입 없이 얼굴을 맞대는 행위는 치부를 드러낼 때와 똑같은 긴장감과 불안감을 불러일으키는 상스럽고 충격적인 행위다.

대면 의사소통을 선호하지 않는 이유로는 감염증의 위험도 있다. 애착 장애가 있는 디스커넥트 인류는 면역력이 그다지 강하지 않다. 게다가 청결한 생활로 더욱더 면역력이 낮아졌다. 내성균이 만연한 탓에 기회감염을 일으키면 치명적인 병에 걸리기도 한다. 디스커넥트 인류의 자격 중 하나는 '자택의 공기 청정도는 얼마나 높은가', '방은 양압 시설이 되어 있어 외부 공기가 침입하지 않는 청정실 구조인가' 등이리라.

이러한 까닭에 타인과 똑같은 공간에서 호흡하는 공기를 공유하는 행위는 디스커넥트 인류에게 견디기 힘들 만큼 불결하고 불쾌한 일이다. 타인의 냄새를 맡는 행위에도 강한 혐오를 느끼지만 다른 사람이 자신의 냄새를 맡는 것에도 매우 거북해한다.

디스커넥트 인류의 자아 구조

디스커넥트 인류의 마음 구조와 공감형 인류의 마음 구조의 커다란 차이는 자기의 상태나 자기를 느끼는 방식이 근본적으로 다르다는 점이다.

공감형 인류에게 자기란 느끼고 있는 자신이다. 그것은 보통 자신과 한몸이 된 매우 확실한 존재로서 실감한다. 자라면서 애정 부족이나 트라우마에 노출되어 해리성 장애 같은 상태가 되지 않는 한, '나는 대체 누구일까?'라며 의아해하거나 자신이 자신이란 사실에 위화감을 느끼고 불편해하는 사람은 극히 적다. 자신의 욕구가 채워지지 않아서 불쾌함을 느끼기는 해도 그렇게 느끼는 자신의 존재 자체가 흐릿하게만 느껴지는 일은 드물다. 대체로 나는 지금 여기에 있고 확실히 살아 있다, 그 사실만은 틀림없다고 생각한다.

그런데 디스커넥트 인류는 자신의 존재가 이 정도로 명확하지는 않다. 디스커넥트 인류에게 자신은 힝싱 흐릿하고 모호한 무언가이거나 늘 따라다니는 그림자 같은 존재이거나 필사적으로 연기하지 않으면 놓쳐버리고 마는 가면 같은 것이다.

보통은 자신이 무엇을 바라는지, 자신이 무엇을 하고 싶은지도 알지 못한다. 겸손해서 말하지 않는 것이 아니다. 자기가 모호한 상태로만 존재하고 자신의 기분은커녕 불쾌함과 흥분 이외에 아무 감정도 알지 못하며, 감정 그 자체가 퇴화를 일으켰기 때문이다.

이러한 까닭에 자기를 확실한 존재로서 느끼려 할 때, 빌려 온 자기, 또는 자신을 전체의 한 요소로써 지배하는 손이 필요한 경우도 많다. 게임에서 사이버 자아와 일체화할 때도 조금은 자기를 체험할 수 있다. 자신이 사이버 자아로서 존재할 수 있는 것이다.[52]

카리스마적 존재와 동일화함으로써 자신을 손에 넣었다고 착각하기도 한다.

비즈니스계에 유리한 디스커넥트 인간형

디스커넥트 인류는 비즈니스 시에 그들의 특성이 유리하게 작용하게 되면서, 비로소 성공과 번영 가도를 달리게 되었다. 디스커넥트 인류가 경제인으로 성공한 비결은 기술의 비약적 진보로 인해 국제적 자본주의가 빠르게 확장된 덕분이었다.

길드[9] 같은 지연 조직이나 가부나카마[10] 같은 카르텔이 산업을 독점한 상황에서 산업이나 금융은 대개 사람과 사람과의 관계, 연줄이 지배해왔다. 기득권을 가진 사람들은 외부 사람이 마음대로 참가하는 것을 허락하지 않음으로써 안정적 이익을 확보했다. 하지만 지연이나 혈연을 바탕으로 한 사람과 사람의 관계는 자유로운 경쟁이나 효율성, 기술 혁신을 저해하는 요인이 되기도 했다.

디스커넥트 인류는 사람과 사람의 관계가 전부인 환경에서

---

9. guild, 중세 유럽에서 상공업자들이 만든 상호 부조적인 동업 조합
10. 株仲間, 에도시대, 상인·장인들이 공동 이권을 확보하기 위해 만든 동업 조합

는 언제나 고립될 수밖에 없었다. 또 만일 독창적 아이디어나 기술을 내놓아도 그것은 전통이나 기득권을 위협한다는 이유로 오히려 이단시되었다. 디스커넥트 인류의 선조들은 무리에서 소외당했고 정당하게 평가받는 경우는 극히 드물었다.

그런데 비즈니스 규모가 커지고 기술 혁신과 효율성이 비즈니스의 운명을 좌우하게 되면서 인정이나 타인과의 관계를 중시하는 공감형 경영으로는 비즈니스가 뜻대로 풀리지 않게 되었다.

이리하여 비로소 디스커넥트 경영인들이 다양한 자리에서 활약하게 된다. 디스커넥트 인간형은 냉정한 데다가 정서가 발달하지 않았으므로, 인정에 좌우되지 않으며 손해 득실 만으로 상황을 파단할 수 있다. 감정이 흐트러질 만한 상황이나 피바람이 몰아칠 만한 상황에서도 정서적 반응에 따라 판단을 흐리게 하는 법이 없다. 많은 사람이 잘못 판단하는 이유는 욕심이나 동정, 공포와 같은 감정이 객관적인 판단력을 흐트러뜨리기 때문이다. 여기에 신경전이라 불리는 흥정이 얽힌 전쟁에서는 희박한 감정만 가지는 편이 유리하다.

예부터 명장이라 일컬어지는 인물 중에는 디스커넥트 유형의 특성을 보이는 사람이 많았다.

카르타고의 명장 한니발도 정서적으로 결함이 있는 인물이었다. 한니발은 죽음의 공포에 무감각했을 뿐 아니라 부하의 목숨을 빼앗는 일에도 아무런 고통도, 동정도 느끼지 못했다. 이러한 특성

덕분에 그들은 전투에서 이기는 데에만 전념할 수 있었다.

일본 센고쿠 시대(戰國時代, 15세기 말~16세기 말)의 무장, 오다 노부나가[11] 또한 심각한 애착 장애가 있는 디스커넥트 유형이었다. 엄마에게 사랑받지 못했던 노부나가는 주변 사람의 감정에 무감각하고 상식 밖의 행동을 저지른 탓에 빈축을 샀다. 하지만 사사로운 정이나 선례에 구애받지 않고 가신의 의견은 일축함으로써 독자적인 전법과 개혁을 신속하게 실행해나갔다.

그러나 한니발과 노부나가 모두 두려움의 대상은 되었지만 사랑받지는 못했다. 사람을 사람으로도 생각하지 않는 행동으로 원한을 사는 바람에, 마지막에는 두 사람 모두 패배하고 말았다.

여태까지는 디스커넥트 유형인 수장이 일시적으로 권세를 떨쳐도 결국에는 불만분자에 손에 무너지게 되는 것이 정해진 패턴이었다.

최근에 있었던 예로 말하면, 전 닛산자동차 회장으로, 몇천 명이나 되는 사원을 해고함으로써 닛산을 V자 회복으로 이끈 카를로스 곤(Carlos Ghosn)의 실각을 꼽을 수 있다. 이공계 출신답게 매사를 숫자의 문제로 결론짓는 곤의 방식은 많은 추종자를 낳았다. 그러나 곤은 카리스마 경영인이라는 명성을 믿고 방자하게 굴었다. 곤

---

11. 織田信長, 무로마치 막부를 종결시키고 아즈치 모모야마 시대라는 새로운 시대를 열었다. 도요토미 히데요시, 도쿠가와 이에야스와 함께 센고쿠 시대 세 영웅 중 한 명.

이 실패한 원인은 곧 다운 영리한 계산을 게을리한 데 있다. 대중에게 인기가 없다는 것이 디스커넥트 경영인의 통념이었지만, 곧은 매스컴에 자주 등장했고 심지어 미스터 빈을 떠오르게 하는 유머러스한 풍모로 사랑받는 캐릭터가 되었다. 디스커넥트 수장을 둘러싼 정세가 확실히 바뀐 것이다.

　일본의 인터넷 및 미디어 기업 라이브도어의 전 CEO로, 호리에몬이란 애칭으로 불린 호리에 다카후미(堀江貴文)는 라이브도어 사건[12]으로 많은 주주에게 손해를 끼쳤다고 하여 유죄 판결을 받았지만, 이후 멋지게 재기해 젊은 층의 카리스마적 존재가 되었다. 그의 매력은 매사를 건조하게 결론짓고 상식과는 다른 발상으로 문제를 한 번에 처리하는 점이다. 시대가 미지근한 온정이 아닌 날카로운 냉철함을 요구하는 것이다. 자신도 호리에몬처럼 되고 싶다고 생각하는 젊은이가 적지 않다.

　거대 기업의 경영인은 자신의 판단 하나로 몇만 명이나 되는 사원을 길거리에 나앉게 할지도, 몇십억 달러나 되는 손실을 낼지도 모른다는 엄청난 부담감 속에서 정확한 판단을 내려야만 한다. 그런데 사원에 대한 동정이나 아픔, 거액 손실의 공포가 너무 강하다면, 이는 정확한 판단을 내리는 데 방해가 될 뿐이다. 어떤 상황

---

12. 2006년 1월, 유가증권 보고서에 허위 내용을 게재했다는 혐의 등, 증권거래법 위반으로 법인인 라이브도어와 라이브도어 마케팅 및 동사의 당시 이사진들이 기소된 사건

에서도 평상시와 다름없는 냉정함으로 객관적인 사실만을 보고 임무를 수행하는 능력을 갖추어야 한다.

　타인의 평가를 지나치게 신경 쓰는 불안형은 타인의 반응이나 감정에 신경을 빼앗기므로 중립적으로 판단하기가 어렵다. 안정형도 불안형만큼은 아니지만, 개개인의 감정이나 인생을 고려하기 때문에 디스커넥트 유형만큼 그들의 감정에 무감각할 수는 없다. 게다가 안정형은 신뢰를 가장 중요시하므로 상대방의 신뢰를 저버리면서까지 자신이 이득을 얻겠다고 생각하지는 않는다.

　이 점에서 디스커넥트 수장은 주변 사람의 평가나 감정에 무감각한 데다가 신뢰 관계에 가치를 두지 않으므로 위기가 닥쳤을 때는 아무렇지도 않게 상대방을 잘라낸다. 회사의 이익을 지키기 위해서 몇천 명이나 되는 사원을 서슴지 않고 해고하는 것이다.

　오늘날 성공을 구가하는 기업인은 디스커넥트 유형의 양상을 강하게 띤다. 디스커넥트 유형의 특성 없이는 그 책임의 무게를 견디지 못할 뿐 아니라 해고하는 데 필요한 냉혹함도 갖출 수 없다.

　마이크로소프트의 창업자 빌 게이츠(Bill Gates)는 어린 시절부터 기억력은 뛰어났지만, 남의 기분을 알아채거나 친구들 무리 안에 들어가는 일에 서툴렀다. 엄마가 아들의 진급을 일 년 늦춰야 할지 고민했을 정도였다.[53] 하지만 상대적으로 낮은 의사소통 능력과 공감성은 빌 게이츠가 경영인이 되었을 때, 마이크로소프트에 큰 성공을 가져다준 중요한 요인으로 이어졌다. 그것은 신뢰 관계가 아닌 법률적 계약을 엄격히 적용한 점이다.

빌 게이츠는 프로그래밍 언어 베이식(BASIC)의 개발을 시작으로 오늘날 윈도라 불리는 OS의 기초가 되는 소프트웨어를 만들어냈지만, 얼마든지 누군가가 이를 모방해서 유통할 위험이 있었다. 게이츠는 경쟁 기업뿐 아니라 고객이나 직원에게도 계약을 엄수하라고 강하게 요구했다. 이로써 마이크로소프트는 우위성과 지적 재산권을 지킬 수 있었고, 이것이 훗날 회사 발전의 주춧돌이 되었다.

많은 일본 기업이 외국 기업과 안이한 계약을 맺어 넋전억 엔이나 손해를 보거나 전 사원이 경쟁 기업에 기업 비밀을 빼돌리는 바람에 곧바로 우위성을 잃어버리는 현실과 대조적이다.

사람과의 신뢰 관계 등을 신용하지 않고 전부 계약으로 묶어 둔다는 냉철한 발상을 하려면 신뢰라는 구실로 정에 얽매이지 않는 디스커넥트 유형의 냉혹함이 필요한 것이다. 하지만 여기에서 착각해서는 안 되는 점이 있다. 그들이 정말로 무정한 태도를 보이지는 않는다는 점이다. 그들은 오히려 겉보기에 신뢰 관계를 중시하고 친밀한 파트너십을 소중히 여긴다는 정감 넘치는 태도를 보인다. 입으로는 '사원은 가족이다'라고 말할지도 모른다.

마키아벨리도 말했다. 진정한 군주에게 신뢰를 소중히 여기는 것은 결함이지만, 신뢰 관계를 소중히 여기는 척하는 것은 미덕이라고 말이다.

마키아벨리가 생각한 이상적인 군주는 디스커넥트 유형의 특성을 보이는 인물로, 상황에 따라서는 후하게 대접했던 상대마저 주저 없이 배신할 수 있어야 한다. 상대방을 방심하게 한 다음 등 뒤에서 덮칠 수 있는 냉혹함이 필요하다. 후하게 대접하는 것은 상대방을 방심하게 하기 위한 덫이다.

이와 같은 마키아벨리의 이상은 디스커넥트 인류에게는 그저 '상식'일 뿐이다. 누구나 마키아벨리가 말한 군주처럼 생각하고 행동한다. 후하게 대접할 때도 그 행동은 상대방의 경계심을 누그러 뜨리기 위한 연출일 뿐이다. 속으로는 아무런 친근함도 신뢰도 느끼지 않는다. 이것이 디스커넥트 인류의 표준적 감성이자 사고 양식이다.

디스커넥트 인간은 어떻게 승리하게 되었나?

디스커넥트 신인류와 공감형 구인류의 생존 투쟁은 처음에는 공감형 인류 쪽이 압도적으로 유리해 보였다. 공감형 인류는 동료가 있고 무리 짓기에 능숙하며 뜨거운 열정을 공유할 수도 있다.

디스커넥트 인류는 우선 참모로서 공감형 수장을 대신하여 정세를 분석하고 작전을 아뢰며 성공에 이바지하는 형태로 두각을 나타내왔다. 그러나 표면에 나서기보다는 배후에서 전략적, 기술적으로 지원하는 데 뛰어났다. 그렇게 할 수밖에 없었던 이유는 본인은 물론 주위 사람들조차 디스커넥트 인류는 인간관계에 서툰데다가 리더십을 발휘하는 일이 적성에 맞지 않는다고 생각해왔기 때문이다.

실제로 초등학교 시절의 빌 게이츠와 만났다면 그가 기업의 수장에 걸맞은 인물이라고는 생각하지 않았을 것이다. 분명 기술자나 학자는 적성에 맞을지 모르지만, 사람을 통솔하는 역할은 게이츠의 적성에 맞지 않는다고 생각했으리라.

그러나 현실은 달랐다. 잘못된 것은 사람들의 상식이었다. 빌 게이츠는 세계에서도 손꼽히는 기업의 수장이 되었다. 사람들이 상식적으로 머릿속에 그렸던 기업 수장의 이미지 쪽이 더욱더 시대착오적이었던 셈이다. 그리고 그런 시대착오적 경영인들은 빌 게이츠 같은 신흥 기업의 대두 앞에 회사를 접고 퇴장해야만 했다.

게이츠는 예전에 없었던 새로운 유형의 기업을 만들어냈다. 사원은 서로 얽매이지 않고 자기만의 속도로 일할 수 있었다. 상사에게 아부하거나 동료와 친밀하게 지내는 것은 절대로 평가 대상이 되지 않았다. 기업에 얼마나 공헌했는지가 정확히 수치로 평가되었다. 사원은 상사나 동료를 신경 쓰는데 에너지를 소모하는 대신 그 에너지를 모조리 기업의 실적을 올리는 새로운 발상이나 효율화를 위해 소비할 수 있었다.

이리하여 디스커넥트 유형인 사람이 안락하게 느낄 만한 기업 환경이 만들어졌다. 인간보다 컴퓨터를 더 친근하게 느끼는 사람들은 당연히 디스커넥트 유형이었으므로, 이런 환경은 IT 기술자에게 낙원처럼 느껴졌다. 소문을 듣고 수많은 인재가 모이게 되었고, 이는 마이크로소프트가 눈부시게 발전하는 원동력이 되었다.

공감형 기업이 '사원은 가족이다'라며 친밀한 교류 모임에 참석하거나 상사에 아부 떠는데 신경을 소모하고 중요한 연구 개발을 소홀히 하는 사이에 디스커넥트 유형을 그대로 기업에 도입한 새로운 기업들은 세계를 석권하게 되었다. 경쟁에서 진 공감형 기업이 결국 '가족'의 목을 자르고 어쩔 수 없이 정리해고를 단행하는 것을 곁눈질하며 압도적인 기술적 우위를 구축하고, 게다가 그 기술을 빈틈없는 계약으로 맺음으로써 법적으로 방어하는 시스템을 만들어냈다.

이리하여 비즈니스 업계에서는 디스커넥트 유형이 공감형의 우위에 서는 역전이 일어났다.

디스커넥트 인류는 사람보다 물건을 사랑한다

산업 분야에서는 디스커넥트 인류의 어떤 특성이 그들의 성공에 깊이 관여했다. 그것은 디스커넥트 인류가 사람보다 물건을 사랑한다는 특성이다.

이와 같은 특성은 만 3세 단계에서 확실히 나타난다. 그리고 이런 특성은 주로 양육자로부터 제대로 보살핌을 받지 못하는 상황, 즉 방치당하는 상황에서 길러진다. 부모가 아이를 방임하는 경우는 물론 어린이집에 오랜 시간 맡기기만 해도 사람보다 물건에 집착하는 경향이 커진다. 심지어 한나절만 어린이집에 맡긴 아이와 온종일 맡긴 아이 사이에도 물건에 대한 집착 정도에 차이가 나타났다.[54] 하지만 제조업의 발전에는 엄마들이 바빠져서 자녀를 보살피지 못하게 된 상황이 호재로 작용한 듯하다.

제조업은 산업혁명 이후 근대 산업을 견인했다. 사람보다 물건을 더 친근하게 느끼고 물건을 사랑하며 물건에 까다로운 디스커넥트 인류의 선조들은 뛰어난 직공이나 기술자로서 그 특성을 발휘하게 되었다.

사람보다 물건에 특별한 관심과 열정을 보인 수많은 선구자 덕분에 자연계에 없었던 물건이 제품으로 탄생했다. 전등, 자동차, 무전기, 폴리에틸렌, 질소 비료, 항생 물질과 같은 수많은 제품은 말 그대로 세상을 바꿨다. 이 발견과 발명에서 중심 역할을 해낸 사람은 디스커넥트 인류의 선조들이었다. 물건에 대한 그들의 범상치 않은 애정이 없었다면 어느 것 하나 손에 넣지 못했으리라. 이것들은 반드시 있어야 하는 제품이 아닌 없는 것이 당연한 제품이었다. 그러나 일단 세상에 나오자 이제는 이 제품이 없는 세상을 생각할 수 없게 되었다.

하지만 물건에 대한 사랑은 디스커넥트 인류의 전매특허가 아니라 구인류인 호모 사피엔스에게도 나타났던 특성이다. 그들은 네안데르탈인보다 수준 높은 도구를 사용한 덕분에 세상을 제패할 수 있었다.

디스커넥트 인류와 호모 사피엔스를 구분 짓는 또 다른 특성은 물건에 대한 사랑이 정보에 대한 사랑으로 뒤바뀐 점이다. 디스커넥트 인류는 물건에 대한 사랑 이상으로 정보를 사랑한다. 현실 속 인간보다 물건을 사랑하고, 물건보다 정보를 더 사랑한다. 인간도 물건도 언젠가는 사라질 운명이지만 정보는 영구 보존된다. 기술적으로는 완전한 DNA 정보만 있으면 인간조차 언제든지 복원할 수 있다. 애착이 없는 디스커넥트 인류는 사람보다도 물건, 물건보다도 정보에 친근함을 느낀다.

애착이란 유일무이한 구체적 존재와의 특별한 관계이자 구체적 실체와의 결합이다. 그러나 애착은 상처 입기 쉬울 뿐 아니라 잃어버리기도 쉽다. 구체성을 잃고 추상화될수록 탈 애착화를 일으켜 비릿함이 사라진다. 죽지도 썩지도 사라지지도 않는다. 디스커넥트 인류는 이를 선호하는 것이다.

정보에는 물건과 같은 성질이 있으므로 물건처럼 다룰 수 있다. 오히려 물건보다 훨씬 다루기 쉽다. 물건은 자리를 차지하지만, 정보는 자리를 차지하지 않는다. 또 원한다면 필요할 때만 물건으로 바꿀 수도 있고, 불필요해지면 화면상에서 지워버릴 수도 있다. 정보는 더 작고 빠르며 온갖 제약으로부터 자유롭다. 디스커넥트 인류는 얼굴을 맞대고 하는 의사소통에 서툴지만, 데이터를 주고받는 데는 오히려 능숙하다.

사람과의 관계 또한 정보(데이터)를 주고받는 일로 바뀜으로써 정서적 관계가 아닌 단순한 기계적 조작으로 바뀐다. 디스커넥트 인류에게는 실제로 존재하는 물건과 가상인 정보 사이에는 아무런 차이가 없다. 가상은 현실과 똑같이 가치 있다. 현실에 얽매이는 공감형 인류는 정보가 현실보다 훨씬 큰 비중을 차지하는 환경에 적응하기 어렵다. 애착 시스템으로 인해 그들은 현실의 것에 속박된다.

디스커넥트 인류는 의사소통에 서툴렀기 때문에 정보를 얻지 못한다는 불리함을 안고 있었다. 그런데 정보통신 네트워크 혁명이 일어나 다른 사람과 접촉해서 얻을 때보다 훨씬 풍부한 정보를 네트워크를 통해 간단히 손에 넣게 되었다. 디스커넥트 인류는 네트워크 혁명의 은혜를 가장 많이 받은 셈이다.

디스커넥트 인류를 움직이는 욕망

디스커넥트 인류는 친밀해지거나 애정, 또는 관심을 얻는 데 관심과 욕구 모두 부족하다. 애착을 매개로 얻을 수 있는 기쁨이 퇴화하고 있다. 그러나 삶을 살아가려면 기쁨이 필요하다. 디스커 넥트 인류는 어떻게 살아가기 위한 기쁨을 손에 넣을까.

애초에 인류에게는 살아가는 데 필요한 기쁨을 느낄 수 있게 되어 있다. 기쁨이 없으면 사람은 쉽게 죽어버린다. 우울증은 쾌감 상실증을 동반하는데, 중증 우울증인 사람은 기쁨을 전혀 느끼지 못한다. 기쁨이 없는 상황은 고통에 시달리는 상황에 비하면 대수 롭지 않게 생각될지도 모른다.

그러나 실제로 기쁨을 느끼지 못하게 된 사람은 죽으려고 한 다. 살아 있는 것 자체가 고통인 까닭이다. 기쁨은 산소나 물과 마 찬가지로 사람이 살아가는데 반드시 있어야 한다.

기쁨을 느끼는 원리는 생존에 지극히 중요하다. 인류에게는 크게 세 가지 기쁨 원리가 있다. 기쁨 원리가 세 가지나 되는 덕분 에 어느 정도 상호 보완된다.

첫 번째는 식욕이나 성욕과 같은 본능적 욕구를 채웠을 때 생 기는 만족감으로, 이 기쁨은 내인성 마약이 방출됨으로써 얻을 수 있다.

두 번째는 노력해서 무언가를 성취하거나 습득했을 때 얻는 성취감으로, 이 기쁨은 뇌의 선조체라는 영역에서 도파민이라는 신경 전달 물질이 방출됨으로써 얻을 수 있다. 일상적으로 맛보는 기쁨이라기보다 고생 끝에 무언가를 성취한 특별한 순간에 맛보는 자신을 위한 포상과도 같다. 이 포상이 있는 덕분에 고생한 보람도 있는 것이다.

세 번째는 사랑하는 사람과 접촉하거나 보살펴주는(보살핌을 받는) 관계 속에서 얻는 기쁨으로 옥시토신을 매개로 하는 원리다. 이 옥시토신이 애착을 뒷받침한다.

애착이 희박한 디스커넥트 인류는 이 옥시토신계가 퇴화하고 있다. 이런 유형의 기쁨을 거의 느끼지 못하며 필요로 하지도 않는다. 사람과 유대를 맺지 않는 까닭에 타인과 멀어져도 그리 슬퍼하지 않는다. 고독한 상태에 태연하다. 단, 아무런 불이익도 없는가 하면 그렇지는 않다.

디스커넥트 인류는 본래 세 가지인 기쁨 원리 중 하나가 기능하지 않는 셈이다. 따라서 얻을 수 있는 기쁨이 적은 상황을 해결하려면 다음의 두 가지로 채워야만 한다.

가장 건전한 방법으로서 장려되는 방법은 노력하거나 분발해서 무언가를 성취하거나 신나게 놀거나 기술을 습득하여 만족함을 얻는 것이다.

역사학자 요한 하위징아(Johan Huizinga)는 놀이를 편애하는 인간의 태도로부터 인류를 '호모 루덴스(놀이하는 사람)'라고 칭하고, 인류가 얼마나 놀이에 열중하고 그 이외의 것을 희생해왔는지를 이야기했다. 역사학자라는 놀이에 열중한 하위징아 또한 틀림없이 디스커넥트 인류의 선구자였으리라. 그러나 하위징아의 주장은 디스커넥트 인류를 움직이는 근본적인 모티베이션을 이해하는 데 큰 도움이 된다.

디스커넥트 인류는 아무런 의미 없이 삶을 살아간다. 살아가기 위한 의미를 필요로 하지도 않는다. 디스커넥트 인류에게는 모든 것이 허무하고 무의미하다. 디스커넥트 인류는 살아갈 의미가 없어도 계속 살아갈 수 있다. 니체의 초인이 그러하듯이 놀이를 이처럼 즐기고 계속할 수 있다. 디스커넥트 인류에게는 모든 것이 게임이자 실험이며 판타지다. 그것은 자신을 잊게 할 만큼 재미있는 놀이라는 점에서 의미가 있다. 이 세상의 공허와 무가치함으로부터 자신을 지키려면 열중할 수 있는 놀이가 필요한 것이다.

실제로 디스커넥트 인류의 가장 큰 기쁨은 스포츠나 장기, 게임이나 다양한 경연, 습득한 여러 가지 기술로 실력을 겨뤄서 승리하는 데 있다. 다만 현실 속 경연에서 승리하는 사람은 1%도 채 되지 않는다. 99%는 패자가 되고 만다. 이래서는 도파민이 나오지 않으므로 살아가는 데 필요한 기쁨을 얻기 어렵다. 그래서 누가 하든 그 사람의 수준에 맞춰서 멋진 승부를 펼칠 수 있고, 아슬아슬하게 이기게 해주는 시스템이 발전하게 되었다. 바로 게임이다. 게임 덕분에 모든 사람이 실력과 상관없이 '해냈다!'라는 성취감을 맛본다.

누구나 영웅이 되는 것이다.

놀이가 조직화한 게임은 디스커넥트 인류를 위한 마약이나 마찬가지다. 게임은 삶이 무의미하다는 사실을 잊게 하고, 살아가는 데 필요한 기쁨과 흥분을 준다. 이 장치가 탄생한 덕분에 디스커넥트 인류는 마약이나 알코올에 의존하지 않고도 살아가는 데 필요한 기쁨을 얻을 수 있게 되었다.

게임이 없었던 시절, 라이벌과의 경쟁에서 져서 현실 세계에서 성취감을 얻지 못하게 된 사람은 일반적으로 알코올이나 약물, 쇼핑에 빠지거나 과식 또는 섹스에 탐닉했다.

게임이 효율적이고도 안전하게 도파민을 내보내는 덕분에, 알코올 외존증으로 간경변증에 걸리거나 유흥업소에서 STD(성행위 매개 감염증)에 감염될 위험성 또한 급감했다.

물론 위험성이 전혀 없지는 않았다. 오랜 시간 게임을 한 탓에 전두엽이 줄어들거나 젊은 나이에 인지증 비슷한 증상을 보이는 사람도 나타났다. 하지만 사망률로만 비교했을 때, 과음 탓에 식도 정맥류가 파열되어 피를 토하고 죽거나 각성제의 과다 투약으로 체온이 45도까지 상승해 급사하는 사례와 비교하면 압도적으로 안전했다. 게임을 지나치게 많이 해서 심부전이 오거나 계속 화면 앞에 앉아 있었던 탓에 이코노미클래스증후군과 똑같은 증상이 생겨 혈전이 폐동맥을 막아 사망하는 사례도 있었다. 하지만 확률로 말하면 비행기가 추락하는 정도로 일어난다.

게다가 디스커넥트 인류는 죽기 직전까지 놀이에 열중해 자신을 잊어버리는 것을 이상으로 여긴다. 즉 디스커넥트 인류에게는 게임 중에 세상을 떠나는 것이 삶을 마치는 가장 이상적인 방식이다.

신기한 자극이나 상품이 기쁨을 준다

신기한 자극과 상품은 디스커넥트 인류에게 게임과 더불어 살아가는 데 필요한 기쁨을 가져다준다. 신기한 자극을 추구하는 경향도 도파민계의 작용과 관련되어 있다. 신기한 자극이나 상품을 손에 넣는 행위는 도파민의 방출을 촉진하고, 한순간이기는 하나 만족감을 준다.

디스커넥트 인류는 사람과 만나거나 헤어지는 일에는 관심이 없지만, 새롭게 등장한 상품이나 패키지가 주는 새로운 자극에는 강하게 이끌린다. 애착이 희박하다는 말은 곧 오래된 익숙한 물건에 집착하지 않는다는 뜻이다. 다른 말로 하면 신기한 자극을 선호한다는 말과도 통한다. 애착으로 얻는 기쁨이 충분하지 않으므로, 신기한 자극이나 상품이 주는 흥분으로 채우는 것이다.

이러한 까닭에 디스커넥트 인류는 계속해서 모델을 바꾸거나 콘텐츠를 업데이트해야 하며, 변화가 정체되면 금세 관심을 잃어버린다. 인기를 유지하려면 새로운 장치와 아이디어가 계속 이어져야 한다. 사람들의 창조적 능력은 끊임없이 흥미를 유발하는 변화를 만들어내기 위해 소비되어 간다.

이는 무의미하지만 영원히 계속되는 변화로, 이 변화가 제공됨으로써 사람들은 살아가는 데 필요한 기쁨을 확보할 수 있다. 사람들이 크리에이터의 재능을 존경하고 그들을 제왕처럼 우러러보는 이유는 크리에이터를 삶의 기쁨의 원천을 만들어내는 존재로 간주하기 때문이다.

게임에 의존하거나 신상품에 탐닉하는 것은 인간에게 장려되는 가장 건전한 즐거움이다. 오히려 게임을 하지 않거나 상품 카탈로그를 검색하지 않을 때가 위험하다. 사람은 살아갈 의미를 잃어버렸을 때 게임이나 신상품에서조차 더는 기쁨을 찾지 못하게 된다.

이때는 약물에 의지할 수밖에 없다. 실제로 많은 디스커넥트 인류가 게임만으로는 정신적 안정이나 활력을 유지할 수 없을 때 약물에 의존한다. 인기가 높은 약물은 정신자극제나 항우울제, 신경안정제, 그리고 옥시토신 분비 촉진제다.

디스커넥트 인류는 보통 자신의 마음이나 몸 상태를 약물의 힘으로 조절한다. 기분이 울적하면 기분을 고조시키는 약물을 사용하고, 마음이 불안정하면 마음을 가라앉히는 약물을 사용한다.

집중해야 할 때는 집중력을 높이는 약물을, 긴장을 풀고 싶을 때는 긴장이나 불안감을 없애주는 약물을 사용한다.

이와 같은 약물 의존이나 게임 의존 또한 더는 '의존증'이란 질병으로 취급받지 않을 것이다. 앞으로는 식사와 마찬가지로 살아가는 데 필요한 행위로 간주하리라. 상담 상대인 AI 스피커가 게임을 그만두거나 약을 끊는 행위를 더 위험한 징후로 판단해, 방문 간호나 상담 예약 같은 조처를 하지 않을까.

이익을 만들어내는 시스템을 구축하는데 흥미를 느낀다

디스커넥트 유형은 사람에게 집착하지 않는 만큼 물건에 집착한다. 사람보다 물건이 더 믿음직스럽기 때문이다. 하지만 물건에 집착한 디스커넥트 인류의 선조가 모두 물욕이 강하지는 않았다. 막대한 시간과 수고를 들여서 우표나 곤충, 동전 같은 물건을 모으거나 대부분 재산을 미술품이나 클래식카 수집에 소비한 사람 중에는 전 재산을 사회에 기부한다고 유언한 사람도 많았다. 그들에게는 소장품이 중요할 뿐, 소장품을 재산으로써 자손에게 물려주는 일에는 그다지 관심이 없었다.

물론 디스커넥트 유형의 선조 중에는 물욕이나 소유욕에 사로잡힌 사람도 있었다. 어린 시절 애정 결핍과 가난을 동시에 경험한 사람 중에는 물건이나 돈 자체에 집착했다. 하지만 이런 부류는 아직 진정한 디스커넥트 인류가 되지 못한 어중간한 존재였다. 진정한 디스커넥트 인류는 구체적 사물을 욕망하기보다는 추상화된 정보를 사랑하고 그곳에서 궁극적 미를 찾아낸다. 질서정연한 정보 공간을 탐험하는 일에서 최고의 쾌락을 맛본다. 정보 덕분에 현실을 앞질러 커다란 이익을 손에 넣기도 하지만 그들은 이익 자체보다 그 이익을 만들어내는 시스템을 구축하는 데 더욱더 흥미를 느낀다.

디스커넥트 인류의 선조 중에는 유능한 경영인으로 막대한 부를 쌓은 사람도 많았다. 그러나 부를 쌓은 이유는 그들이 탐욕스러워서가 아니다. 그들은 오히려 욕심에 눈이 멀지 않고 사물을 객관적으로 판단한 까닭에 부를 쌓을 수 있었다. 아무리 큰돈도 디스커넥트 인류에게는 단순한 숫사에 지나지 않으며 게임의 코인이나 마찬가지다. 코인을 불리는 데 열중하고 획득 상금이 한 자리나 두 자릿수쯤 늘어나면 '해냈다!'며 쾌재를 부르기도 한다. 하지만 이러한 행동은 그들이 탐욕스러워서, 즉 손에 넣은 돈으로 욕심이 채워져서가 아니라 자신의 계획대로 실행해서 게임에 이겼기 때문이다. 게임이 끝나면 손에 넣은 상금에 그다지 가치를 두지 않는다. 그것은 이제 기성사실이 된 따분한 일상일 뿐이다.

부를 축적하기 어려웠던 수렵채집인이 사리사욕에 빠지지 않고 그들의 자손보다 훨씬 평등하게 살았듯이, 애착을 극복한 디스커넥트 인류는 자신이 사랑하는 사람에게 재산을 남기지 않는 까닭에 부의 축적 자체가 무의미하며 욕심에 집착할 필요조차 없다.

수렵채집인이 하루 벌어 하루 먹고 사는 생활을 즐겼듯이 디스커넥트 인류 또한 한 번뿐인 인생이라는 축제를 즐기면 그것으로 만족한다. 축제가 언제 끝날지 생각하지 않아도 된다. 그때는 이 세상에 없을 테니 말이다.

디스커넥트 인류에게 욕심이 근본적으로 부족한 이유는 그들이 희박한 애정 환경에서 자란 탓이기도 하지만, 그뿐만은 아니다. 물질의 포화 상태에서 자랐다는 점과도 관련이 있다. 그들은 반드시 원하지 않아도 누군가 필요한 물건을 제공해주고, 만일 무언가 불쾌한 일이나 부족한 물건이 있을 때도 스위치 하나로 용건이 해결되는 환경에서 자랐다. 욕망이 바로바로 채워진 까닭에 그 욕망이 강한 소망이나 집착, 또는 행동의 모티베이션이 되지는 않는다.

신제품을 손에 넣거나 게임에 승리해서 상품을 얻을 때는 기쁘지만, 그 기쁨은 이른바 물욕이나 금전욕이 채워져서가 아니었다. 디스커넥트 인류에게는 어떠한 행위가 신기한 체험이거나 흥분하는 순간을 줄 때만 가치를 지닌다.

잡담이나 험담에 대한 강한 거부감

디스커넥트 인류는 온화하고 냉정해 보이지만 화가 나면 거친 모습을 보인다고 앞에서 이야기했다. 오해가 생기지 않게 덧붙이자면, 이 말은 디스커넥트 인류가 호전적이라거나 공격적이라는 뜻이 아니다. 오히려 정반대다. 디스커넥트 인류는 기본적으로 평화주의자로 다툼을 선호하지 않는다.

화가 나서 폭발하는 것은 강한 스트레스 탓에 인내심의 한계를 넘어버렸을 때의 이야기다. 평상시에는 공격성을 지나치리만큼 억제하고 있는 사람이 많으므로, 스트레스에 쉽게 노출된다. 또 그들은 타인의 공격에 지나치게 예민하다. 특히 언어폭력에 민감하다. 이는 디스커넥트 유형의 선조들이 괴롭힘이나 험담에 시달려왔다는 사실과도 관련된다. 반복된 경험은 유전자를 변화시키며 계승되어 가는 것이다.

디스커넥트 유형인 사람이 소문을 그다지 좋아하지 않는 까닭도 여기에 있을지 모른다. 그들의 선조들 역시 뒷담화 탓에 자주 불쾌한 상황에 놓였다는 사실이 유전자에 새겨진 것이리라.

한편, 구인류인 호모 사피엔스의 특징 중 하나는 소문 퍼뜨리기라고 해도 지나치지 않다. 공감형 인류에게 다른 사람을 험담하거나 소문을 퍼뜨리는 행동은 상대방이 자기 동료인지 아닌지를 파악하는 데 도움이 된다. 또 상대방의 생각에 영향을 주어 자기편으로 끌어들임으로써, 적을 고립시키고 불리한 상황으로 몰아가는 정치적 조작의 의미도 있었다. 무리를 지어서 속마음을 헤아리고 정치를 좌지우지하는 높은 사회적 지성이 인류의 진화를 가져왔다는 설도 있다.[55]

　그래도 정의나 인간의 선한 특성을 믿는 사람은 이러한 소문이나 험담이 사회의 부정을 정화하리라 기대했다. 하지만 현실은 소문이나 험담이 약자를 궁지에 몰아넣었고 때로는 목숨을 끊게 했다. 더욱이 있지도 않은 소문을 날조해 정치적 목적으로 유도하기까지 했다. 권력자의 폭주에 제동을 건다는 정화 능력 면에서도 일시적으로는 권력자를 감옥에 넣기도 하나, 이후 도리어 혼란을 초래한 사례가 많다.

　뒷담화나 험담 등에 의해서 '여론'이 형성되는 것이 현실이라면, 여론을 정의의 근거로 삼는 민주주의는 위태로움을 내포할 수밖에 없다. 민주주의를 휘둘러보았자 불공정함을 막기란 불가능하므로, 전쟁이나 학살이 열광적인 지지를 받게 될지도 모른다.

　디스커넥트 인류의 특성은 뒷담화나 험담에 가담하지 않을 뿐 아니라 타인의 평가에도 그다지 좌우되지 않는다는 점이다. '여론'을 본능적으로 싫어하며 민주주의를 믿지 않는다. 디스커넥트 인류는 다수결이나 논의 시에 언제나 고립되어 불이익을 당해온 까닭이다. 그들의 선조가 괴롭힘과 따돌림을 당했을 때 그들을 도와주는 사람은 아무도 없었다.

민주주의는 그 이상과는 정반대로 다수파의 의견을 정당화하는 기능밖에 하지 못했다. 민주주의는 괴롭힘을 없애기는커녕 조장해왔다. 괴롭힘은 민주주의의 본성과 떼려야 뗄 수 없는 관계인 까닭이다. 논의를 통해서 올바른 답에 도달하기보다 뒷담화나 험담으로 중요한 일이 결정되는 경우가 훨씬 많았다. 이때 냉대를 받는 쪽은 언제나 디스커넥트 인류의 선조들이었다. 디스커넥트 인류는 소문과 험담이 난무하는 사회보다 강력한 독재자가 있어서 모두의 입을 다물게 하는 사회 쪽이 차라리 더 낫다고 생각할 정도였다.

결국, 디스커넥트 인류를 불리한 상황에서 구출해낸 것은 만물을 관찰하고 데이터로 만들어 관리하는 관리형 사회의 도래다. IT화된 네트워크 사회에서도 집단 괴롭힘이나 따돌림이 활개를 쳤지만, 그것은 대개 공감형 인류가 현실과 착각하여 똑같이 감정적으로 행동한 결과였다. 그리고 각자의 발언이나 행동이 모조리 데이터로 기록된다는 점에서 결정적으로 달랐다. 몰래 괴롭혔다고 생각해도 증거가 남아있는 것이다. 디스커넥트 인류에게는 IT화된 네트워크 사회 쪽이 현실 세계보다 훨씬 규칙을 이해하기 쉽고 대처하기도 편했다. 게다가 그들은 네트워크 속에 있을 때 말을 더 잘하고 의사소통 능력도 높았으므로 실제 관계보다 손쉽게 일을 유리한 쪽으로 추진할 수 있었다.

이러한 사회는 새로운 민주주의 사회일까. 아니, 아무래도 아닌 듯하다. 애초에 그들은 국민이 아닌 한 사람의 개인이다. 왕권을 무너뜨렸을 때의 이상이나 사회 제도가 그들에게 익숙할 리도 없다. 그들은 민중으로서 단결하고 싶다는 생각 따위는 하지 않는다. 동료를 원하지도 않는다. 함께 험담이나 뒷담화를 하고 공감하는 관계를 '동료'라고 부른다면 그런 관계는 더더욱 불필요하다고 생각한다.

디스커넥트 인류는 개인의 완전한 평등과 공평함을 추구한다. 이 점은 언뜻 민주주의의 이념과 중첩되지만, 이 둘은 비슷하면서도 다르다. 민주주의는 국민을 속이기 위한 퍼포먼스로서 논의를 한다. 그러나 이는 선동 정치인에게 활약할 무대를 주고, 사회의 미래를 위태롭게 할 뿐이다. 디스커넥트 인류는 감정을 뒤흔드는 선동을 싫어한다. 그들은 근거에 기반한 증명만을 이해한다. 이것은 민주주의가 아닌 근거주의다. 국민의 변덕스러운 감정이 아니라 근거가 되는 숫자가 결정한다. 디스커넥트 인류에게는 언제나 이 사태가 몇 %의 확률로 일어날지가 문제다. 수치화하기 어려운 감정론에는 아무도 귀를 기울이지 않는다.

더군다나 주관적인 험담이나 뒷담화를 함으로써 동료로서 친밀해지고(때로는 으르렁대고), 동료가 아닌 사람을 배제한다는 존재 유형의 공감형 인류와의 차이는 천동설을 믿었던 소박한 민중과

과학적 검증을 통해서 사실을 이해하려고 한 근대인의 차이보다

클 것이다.

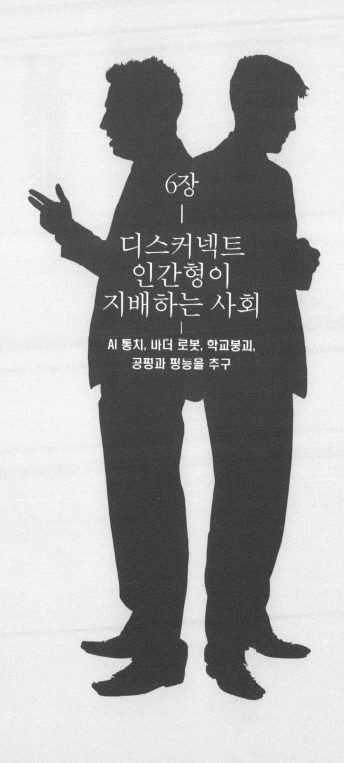

6장
—
디스커넥트 인간형이 지배하는 사회
—
AI 통치, 마더 로봇, 학교붕괴, 공평과 펑능을 추구

근대 복지국가 스웨덴

디스커넥트 인류라고 하면 아직 먼 미래의 이야기라고 생각할지도 모르지만, 사실 현실에는 디스커넥트 인류로의 진화라는 점에서 훨씬 앞서가는 사회가 있다. 바로 스웨덴이다. 스웨덴이 걸어온 역사와 현재 상황은 우리에게 가까운 미래의 모습을 제시해준다. 스웨덴은 이상적인 복지국가로서 일본을 비롯한 많은 국가가나아가야 할 사회의 모범으로 삼아온 나라다. 오늘날에도 스웨덴의 복지와 의료 제도를 동경하고 찬미하는 경향이 뿌리 깊다. 하지만 그 현실을 알고 나면 솔직히 과연 스웨덴을 이상적인 국가로서모방해도 좋을지 고개를 갸웃하고 싶어진다. 물론 그 나라의 복지제도와 국민성은 긴밀하게 연관되어 있을 것이다. 어떤 제도가 그나라에서 지지받아 꽃을 피우려면 국민이 그 제도를 위화감 없이 받아들여야 하는 까닭이다.

　요람에서 무덤까지, 인생을 부족함 없이 뒷받침해온 완벽한 복지 제도는 스웨덴의 어떤 국민성과 융합하여 발전한 것일까. 국민성을 객관적으로 논하기란 상당히 어렵지만, 외국인의 시선에서뿐 아니라 스웨덴인도 똑같이 지적한다고 하면 나름대로 신빙성이 있다는 뜻이리라. 국내외에서 공통으로 지적하는 스웨덴인의 특성은 인간관계를 맺는 데 커다란 장벽이 있다는 점이다. 그 벽은 우선 표정이나 정서적 반응의 결핍으로서 관찰된다. 타자에게 무관심하고 냉정한 스웨덴의 사회는 외부에서 온 사람을 당혹스럽게 한다. '진공 사회'라며 비난받을 정도다. 게다가 유머가 없기로도 유명하다. [56]

　그 대신 과도하리만지 합리주의와 기능주의가 발달했다. 이 점은 높이 평가받고 있으며 신봉자 또한 많다. 가구나 자동차, 사회 제도나 이념에도 불필요한 재미와 장식은 최대한 배제하고 실용성과 실적을 중시한다. 또 물질에 엄청나게 집착하는 경향이 있어서, 무려 원소의 25%를 스웨덴인이 발견했다고 한다. 스웨덴인의 합리적 사고는 그들이 통계를 매우 중시한다는 사실에서도 드러난다. 국가 차원에서 상당히 정밀도 높은 갖가지 통계를 잘 관리하고 있으므로 정책을 결정할 때도 이 수치를 토대로 한다. 과학적 사고를 좋아하고 특히 시스템화하는 작업에 뛰어나다. [57][58] 잡담이나 논의는 좋아하지 않으며 과묵함과 실리 있는 행동을 존중한다. 그리고 공평함과 평등의 가치관을 가장 소중히 여긴다.

또 하나의 커다란 특징은 철저한 개인주의로, 어린 시절부터 자립을 요구받은 까닭에 의존을 싫어한다. 보통 스웨덴 여성은 아이를 낳으면 곧바로 직장에 나가므로 애초에 아이를 느긋하게 돌볼 수 없다. 따라서 아이들이 일찍 자립한다. 만 16세가 되면 독립해서 동거하는 사람도 많다. 이를 사회도 환영하고 응원한다. 남녀 관계 또한 대등하다. 어느 연구에 따르면 스웨덴인 남성은 스웨덴인 여성을 평온함을 주고 위로해주는 존재가 아닌 긴장을 일으키는 대상으로 여긴다고 한다.[59] 스웨덴 남성은 파트너에게조차 평온함이 아니라 긴장을 느낀다. 어찌 됐든 각자 자기 문제는 스스로 해결한다는 것이 개인주의의 끝판왕인 스웨덴인의 기본자세다.

파트너와의 관계뿐 아니라 부모 자식 관계에서도 이 원칙은 변하지 않는다. 이렇게 자란 아이는 부모에게도 냉정하다. 부모가 요양원에 있어도 모처럼의 휴가를 할애해서까지 부모를 만나러 가는 사람은 드물다. 가끔이긴 하나 면회를 갔을 때는 서로 껴안으며 사랑의 정을 표현하지만, 아무리 시간이 많아도 자주 방문하지는 않는다. 오히려 휴가를 느긋하게 즐기는 쪽을 선택한다. 부모가 육아를 공적 서비스에 맡기고 최대한 피해왔듯이 자녀도 부모를 보살피지 않는다. 자녀를 사회가 돌보듯이 나이 든 부모 또한 사회가 돌본다. 부모 자식이란 유대 따위는 재회했을 때 연기하는 것으로, 그 형태만 남아있다. 이래야만 서로에게 걸림돌이 되지 않는 것이다.

동거는 하되 결혼은 하지 않는 사람이 많으며 평생 독신으로 사는 사람도 많다. 부부 관계와 부모 자식 관계 모두 친밀함이 부족하므로, 일반적인 인간관계는 두말할 필요도 없이 담백하고 표면적이다. 사람들과 교류하는 데 힘과 돈을 사용하는 것은 부질없는 짓이라고 생각한다. 이 같은 특성에서 비롯된 필연적 결과이기는 하지만, 선술집이나 나이트클럽 등이 비교적 비싸고 그 수도 한정되어 있다는 사실은 외국에서 온 관광객에게 약간 실망감을 안겨 준다. 그래도 예전보다는 상황이 많이 나아진 편이다. 20년쯤 전에는 스톡홀름에 생긴 비어홀이 금방 망해버렸을 정도였다고 한다. 함께 모여서 즐겁게 떠들며 술을 마시는 방식은 인기가 없고, 혼자서 과묵하게 마시는 방식을 좋아하는 듯하다.

자립심을 주입받고 자란 탓에 곤란한 일이 생겨도 다른 사람에게 의논하거나 누군가를 의지하는 것을 불편해한다. 반대로 다른 사람이 곤란을 겪을 때도 냉담하다. 그것은 그 사람의 문제로 주변 사람이 참견할 문제가 아닌 까닭이다. 마음을 터놓은 친밀하고 정서적 관계를 꺼리고 표면적 관계를 선호하는 것은 디스커넥트형의 전형적인 행동 양식으로, 생활 양식이라 할 수 있다. 합리주의와 공평함을 중시하는 점도 디스커넥트형의 담백한 가치관과 깊이 관련되어 있다. 정으로 이어진 관계 속에서 살아가는 사람에게 이와 같은 사고는 냉정하게 느껴진다. 공평함이란 자기 가족이든 생판 모르는 남이든 차별하지 않는 것이다. 이 말은 법을 어겼을 때는 자식이든 타인이든 똑같이 단죄하고 해를 끼쳤을 때는 똑같이 적으로 간주한다는 뜻도 된다. 공평함 때문에 자녀가 부모를 밀고하거나 부모와 자녀가 법정에서 다투는 등의 무정한 광경이 펼쳐지기도 한다.

합리주의와 공평함, 평등의 개념을 파고 들어가면 부모도 자식도 없는 개개인에 도달한다. 이 개념은 이기주의, 또는 타자에 대한 무관심과 동전의 양면 관계에 있다. 그리고 디스커넥트형 애착이라는 동전의 양면이기도 하다. 스웨덴에서 디스커넥트형이 증가하는 이유는 일찍부터 발달한 공업화와 가족을 보살피는 일을 최대한 생략한다는 생활 양식의 변화 때문이었다. 여기에 스웨덴인의 정(情)보다 실리를 중시하는 국민성과 합리적이고 완벽한 복지 제도가 굳게 결합한다. 이로써 합리성과 공평함을 철저히 추구한 완벽한 복지 제도가 만들어졌고, 이 제도가 엄격한 관리하에 평등하게 실시된 것이다.

아이는 보육 시설에서 자라므로 부모는 육아에 구속되지 않고 일이나 학습, 또는 연애에 전념할 수 있다. 스웨덴은 육아라는 생물학적 숙명이나 '비생산적 가정'에서 해방되어 자아실현을 위해 매진할 수 있는 시스템을 만들어냈다. 아이는 반쯤 사회의 책임으로 양육된다. 부모는 출산이나 연애를 포기하지 않고도 계속해서 자아실현을 위해 나아갈 수 있다.

이 제도가 바로 사람들을 열광시켰으며 지금도 많은 추종자를 거느린 스웨덴식 복지 제도다. '복지'란 말의 어원에는 본래 '행복'이라는 뜻이 있다고 한다. 인간의 행복을 뒷받침하는 시스템이 바로 복지인 것이다. 문제는 스웨덴 모델이 인간의 행복을 뒷받침하는 시스템으로서 제 역할을 톡톡히 하느냐는 점이다.

이중 장벽에 부딪힌 스웨덴식 복지 제도

추구해야만 할 목표로 숭상되어 동경의 대상이었던 스웨덴의 복지 제도는 1980년대 즈음부터 다양한 문제를 드러내기 시작했다. 첫 번째 장벽은 재정 부담이 너무 불어나서 이를 보충할 개인의 부담 또한 지나치게 커졌다는 점이다. 두터운 서비스망을 촘촘히 깔아서 이상적인 안전망을 실현하려면 막대한 비용이 필요하다. 일단 시작한 서비스의 질을 떨어뜨리기는 어려우므로 고령화와 맞물려 이 서비스를 이용하는 사람이 점점 늘어났다.

무료로 다양한 서비스를 이용할 수 있다고 하면 이용하지 않는 편이 손해처럼 느껴지는 법이다. 이러한 까닭에 그전까지 자기 부담으로 어떻게든 해왔던 사람도 공적 서비스에 의지하게 되었다. 아이를 어떻게든 자기 손으로 키워왔던 사람도 보육 시설에 맡기게 되었고, 아픈 부모를 돌봐왔던 사람도 다른 사람 손에 맡기는 것이 당연해졌다.

1980년대에 접어들어 경제의 활력이 둔해지자 증가하는 비용을 세금으로 감당하기 어려워졌다. 여기에 공적 서비스에서 생기기 마련인 비효율과 고비용 체질이 더해지면서 국민의 부담은 점점 더 커졌다. 급여소득자의 부담률(세금 및 사회 보험료)은 일시적으로 무려 75%에 달했다. 200만 원 정도 벌어도 실수령액은 겨우 50만 원인 셈인데, 이 부담률은 어디까지나 평균으로, 때로는 부담률이 100%를 넘기도 했다. 벌어들인 돈보다 세금으로 내는 돈이 더 많은 기이한 현상이 일어난 것이다. 전 세계에서 큰 인기를 끈 동화 『말괄량이 삐삐』의 작가 아스트리드 린드그렌은 어느 해의 자신의 소득에 102%나 되는 세금이 부과됐다며 당시의 여당과 크게 다투기도 했다. 한편으로는 업무 중에 몰래 쉬어도 급여는 똑같았으므로 일을 하든 하지 않든 손에 넣는 풍족함에는 그다지 차이가 없다는 아이러니한 상황이 경제의 활력을 더욱더 떨어뜨렸다. 이러한 까닭에 사회는 점점 생기를 잃어갔다.이리하여 서비스의 효율화와 서비스의 축소가 시행되었다. 구체적으로는 연금 수령 시기를 늦췄고, 복지 서비스 이용 시의 자기 부담 비율을 늘렸으며, 실업보험과 아동 수당을 낮췄다. 이와 같은 정책을 추진함으로써 서비스를 받으면 받을수록 이득을 본다는 상황에 제동을 걸어, 어느 정도는 국민 각자의 노력을 요구하는 방향으로 시정되었다.

여하튼 스웨덴 모델로 대표되듯이 후한 복지 정책의 문제점으로는 서비스의 비효율성과 과도한 서비스 의존, 고비용에 수반되는 국민의 부담, 경제의 활력 저하 등이 꼽힌다. 즉 경제적 시스템상의 문제점이다. 이와 같은 문제는 자기 부담금을 늘리거나 공적 서비스를 민영화하는 등, 경제 원리를 강화함으로써 어느 정도 시정할 수 있으며, 실제로도 이러한 방향으로 수정되고 있다. 그런데 과연 문제는 이것뿐일까.

더욱 중요한 문제를 얼버무리고 있는 것은 아닐까. 애초에 이 스웨덴 모델은 인간의 행복에 도움이 될까. 국민에게 수입의

75%(현재는 시정되어 약 60% 미만)를 세금으로 징수해 국가 예산의 거의 절반을 소비하면서까지 유지해온 복지가 '인간을 행복하게 해 왔는가?'라는 문제다. 이 문제가 또 하나의 진짜 장벽이다.

스웨덴의 요양원에 시찰을 간 사람들은 설비가 갖춰진 쾌적한 시설에서 느긋하게 생활하는 노인들의 모습을 보고, 틀림없이 과연 스웨덴이라는 감상에 젖을 것이다. 그러나 그곳에서 생활하는 노인들과 대화를 나눠보면 점차 다른 실태가 드러난다. 아무도 만나러 와주지 않는 외로움을 쏟아내는 노인, 방문객의 손을 잡고 '돌아가지 말라'며 놓아주지 않는 노인, '이런 나라를 누가 만들었냐'며 푸념하는 노인도 있다. 냉정하고 다른 사람과 이야기하는 것을 그다지 좋아하지 않는다는 스웨덴 노인들마저 외국인 방문객을 붙잡고 붙임성 좋게 이야기할 만큼 그들은 고독한 상황에 놓여 있다.

스웨덴의 복지 제도를 잘 아는 일본의 작가 겸 전 외교관인 다케다 다쓰오 씨는 제도와 시설은 합리적이나 인간적 교류는 거의 없다고 말한다. 스웨덴 사회의 내부에서도 옴부즈맨에 의해 고령자들의 고독한 현실이 보고되었다.[60] 이러한 면에서는 오히려 일본의 복지 시설 쪽이 훨씬 낫다. 북유럽에서 일본의 복지 시설을 시찰하러 온 전문가가 직원과 입소자 간의 교류에 강한 인상을 받았다고 한다. 다만 이것은 대략 2000년대 초반까지의 이야기다. 요즘 일본에서도 요양원 입소 노인을 학대하거나 폭행한다는 보도가 늘고 있기 때문이다. 이 문제는 세계 최고의 복지국가에서도 1990

년대부터 급증하고 있다.

평생 걱정 없다는 완벽한 복지 제도를 믿고 높은 세금 부담률을 견디며 열심히 살아온 결과가 가볍게 대화를 나눌 사람조차 없이 친한 사람과 만나지도 않은 채로, 단지 기계적이고 무미건조한 환경에서 고독하게 죽어가는 것이란 현실 앞에 노인들은 절망하고 있다. 이 절망을 이야기하는 사람은 거의 없지만 예기치 못한 순간에 흘러넘치는 것이리라. 절망하는 사람은 노인뿐만이 아니다. 이 복지국가를 특징짓는 사항은 심각한 알코올 의존증 문제와 높은 자살률, 게다가 비정상적으로 높은 범죄율이다. 의존증, 자살, 범죄는 애착 장애가 스웨덴 사회를 좀먹고 있음을 보여주는 증거이기도 하다. 자살(sjalvmord)은 스웨덴인이 자국민을 자조적으로 말할 때 쓰는 '7개의 S' 중 하나로, 여기에는 섹스와 음주(supande)도 포함된다.[61]

그렇다고는 해도 자살률은 일본이 훨씬 높다. 생활만족도(OECD) 또한 일본보다 스웨덴이 훨씬 높고, 최근 발표된 최신판(2019) 세계 행복도 순위에서도 스웨덴은 세계 7위, 일본은 해마다 순위가 떨어져 마침내 58위를 기록했다. 다만 이 행복도 순위가 얼마나 실태를 정확하게 반영하는지는 약간 의문스럽다. 핀란드는 행복도 순위에서 세계 1위에 올랐으나 자살률은 일본과 비슷해서, 세계적으로 높은 수준이다. '얼마만큼 행복하다고 느끼는가'라는 주관적 척도뿐 아니라 GDP와 사회 복지 등의 객관적 지표도 평가의 기준이 되므로, 진실이 모호하게 감춰질 가능성이 있다. 하지만 자살률과 행복도 모두 좋지 않은 일본의 상황은 불행이라고밖에 할 말이 없다.

이러한 일본도 스웨덴보다 훨씬 다행스러운 지표가 있다. 바로 범죄율이다. 세계에서 손꼽히는 복지국가가 '범죄 왕국'이라고 해도 좋을 만큼 높은 범죄율로 골머리를 앓고 있다. 인구당 인지 건수로 비교하면 강도는 일본의 4배, 강간은 6배 이상에 달한다. 살인 등의 폭력 범죄 건수도 많다. 알코올 의존증 문제도 심각하다. 알코올 도수가 높은 술을 선호하는 경향도 의존증에 빠지기 쉬운 요인이겠지만, 불안정한 애착 환경도 분명 알코올 의존을 부추기는 요인이다.

복지국가라 겉모습과는 다른 스웨덴의 민낯은 그다지 행복해 보이지 않는다. 가족 붕괴 현상은 일본보다 훨씬 심각해서, 혼외자의 비율이 56%(2001년)에 달한다. 일본의 2%와 비교하면 얼마나 높은지가 명확하다. 아이가 있는 가정 중 한부모 가정의 비율은 23.8%로,[62] 일본의 7.5%와[63] 비교해 약 3배 수준이다. 사회 해체와 애착 붕괴를 오히려 적극적으로 추진해온 근대 복지국가란 실험은 드디어 최종 단계에 접어들고 있다.

디스커넥트 인류가 절반을 차지했을 때

공감형 인류는 점차 그 수가 줄어 결국 종말을 맞이하게 될까? 어쩌면 공감형 인류의 부정적인 면과 긍정적인 면이 조화를 이루어 또다시 어딘가 평균점에서 당분간 균형을 잡게 될지도 모른다.

이 말은 농민과 상공업자의 비율이 역전되었을 때도 농민이 일정한 비율로 살아남았듯이, 공감형 인류 또한 그 비율이 감소하기는 해도 일정 비율을 계속 유지한다는 뜻이다.

네안데르탈인과 호모 사피엔스의 인구가 역전되면서 소수파였던 호모 사피엔스의 인구가 수천 년 만에 10배 이상으로 늘어나 결국 네안데르탈인의 터전을 빼앗아버렸듯이, 어느 정도 시간을 들이면서 공감형 인류가 도태되는지도 모른다. 그러나 어떤 이유로부터 공감형 인류가 디스커넥트 인류와 공존 관계를 구축하면서, 당분간 양자가 공존하는 시나리오도 생각해봄 직하다. 육아나 보육 면에서는 공감적 인류가 유용한 까닭이다.

사회는 양자가 공존하면서 점차 교체되어가는 과정을 경험하게 될 것이다. 이미 교체가 시작되어 30% 정도 진행된 상태다.

마지막 장인 이번 장은 그 과정이 더 진행되어 디스커넥트 인류와 공감형 인류의 비율이 역전하여 전자가 후자를 크게 웃돈 단계에서 예상되는, 디스커넥트 인류가 만들어내는 사회와 병리 현상, 그리고 살아남은 공감형 인류와의 관계를 묘사한다.

사회의 모습은 분명 크게 달라지겠지만, 뜻밖에도 이미 주변에서 흔히 볼 수 있는 광경에 가까운지도 모른다.

과거의 유물이 된 결혼

디스커넥트 인류가 우세해지면서 완전히 쇠락한 제도 중 하나가 결혼이다. 디스커넥트 인류는 대부분 결혼하지 않고 평생 독신으로 산다. 독신이라도 아이를 갖는 것이 장려되어 많은 시민이 한 명 이상의 아이를 두었다. 하지만 아이와 함께 생활하거나 아이를 자기 힘으로 키우는 사람은 매우 드물다. 대개 아이의 양육은 물론 임신과 출산 부담조차 사회에 맡긴다. 사회의 중요한 역할 중 하나는 시민 대신에 임신과 출산, 육아 등을 함으로써 자손을 기우는 일이다. 세금의 상당 비율이 아이를 키우는 데 들어간다. 아동 센터는 이처럼 중요한 역할을 담당하는 기관이다.

임신, 출산, 육아라는 제약은 인류가 동물인 까닭에 져야 할 멍에였다. 이 제약에서 해방됨으로써 디스커넥트 인류는 전혀 새로운 생활 양식을 완성했다. 그러나 드물게 사고가 일어나기도 한다. 디스커넥트 인류는 스스로 임신할 필요도, 출산이나 육아를 할 필요도 없지만, 간혹 공감형 인류와 성관계를 맺어 실수로 임신하기도 한다. 물론 대체로 중절 수술을 하는데, 그중에는 임신 유지와 출산을 희망하는 사람도 있다.

디스커넥트 인류의 일반적 가치 기준으로 판단하면 이 사태는 지독하리만큼 위험성이 높고 온몸의 털이 곤두서는 일이다. 아빠가 없는 아이를 낳기 때문이 아니다. 디스커넥트 인류의 아이는 대부분 아빠나 엄마가 없다. 그들이 임신이란 사태에 경악하는 이유는 디스커넥트 인류에게 임신과 출산은 너무나도 동물적인 행위이며, 구인류밖에 하지 않는 야만적인 풍습으로 간주 되는 까닭이다.

디스커넥트 인류가 보기에 태연하게 임신하고 고통을 견딘 끝에 목숨을 걸고 출산하는 공감형 인류는 한때 보호지역의 원주민이나 오스트레일리아의 애버리지니, 뉴기니 고지인이 서구 사람들에게 그랬듯이 미개 부족의 후예일 뿐이다.

결혼이라는 제도가 성립된 배경은 다양해서 한마디로 설명하기 어렵다. 그러나 생물학적으로 보았을 때 아이가 제대로 성장하려면 일정 기간 부모의 협력 관계가 유지되는 편이 유리했다는 점을 들 수 있다. 사람은 유아 시절이 길므로 부부 관계의 유지가 아이에게 안정된 양육 환경을 보장해준다. 이러한 이유로 애착이라는 생물학적 시스템은 부모와 자식 간의 애정을 유지할 뿐 아니라 부부간의 애정을 유지하는 시스템으로 진화했다.

그러나 육아라는 역할을 더는 부부가 담당하지 않고, 부모조차 담당하지 않게 되자 애착이라는 시스템은 급속히 퇴화했다. 이현상은 부모 자식 관계에서는 물론 부부간에서 훨씬 격렬하게 일어났다.

한때는 남녀 한 쌍이 부부라는 연을 맺고, 한집에 살며 같은 침대에서 매일 잠을 잤다는 말을 들으면, 이제는 많은 사람이 '믿기지 않는다!'라는 놀라움과 함께 혐오감이 뒤섞인 반응을 보인다. 남녀가 평생 서로를 구속했을 뿐 아니라, '결혼은 인생이 무덤'이라며 자조했다는 이야기를 들으면, 그들은 다시 한번 탄식한다.

유난히 청결을 중요시하는 디스커넥트 인류는 섹스라는 행위조차 생리적으로 받아들이기 힘들어하며, 보통은 아직도 이와 같은 기행을 일삼는 '유대(紐帶)의 민족', 구인류에게 한때 식인 행위를 했던 미개 부족에게 품었던 공포와 혐오감을 느낀다.

네오 사피엔스인 디스커넥트 인류만이 섹스라는 야만적 행위 없이 종을 유지할 수 있다. 디스커넥트 인류만이 동물적 멍에에서 해방되어 영원한 아이, 영원한 젊은이로서 자유로운 삶을 즐길 수 있다. 이는 디스거넥트 인류에게 지극히 당연한 일이다.

인공자궁

　디스커넥트형 부모가 아이를 돌보는 것의 위험성을 인식하게 되면서 육아는 기본적으로 정부가 관리하게 되었다. 그리하여 육아를 맡게 된 사람은 너싱 클래스(nursing class)라고도 불리는 애착 능력을 보유한 공감형 인류들이었다. 그들은 지금도 가족과 생활하며 아이를 낳고, 자신의 손으로 키운다. 그리고 직업으로서 육아나 간호 등 사람을 보살피는 일로 수입을 얻는다.

　디스커넥트 인류에게 아이를 낳는 행위는 자신의 난자나 정자를 채취하고 자신에게 적합한 정자 또는 난자를 고른 후 필요한 수수료를 내는 일이다. 어떤 사람은 자신의 체세포 클론을 자식으로 남기는 방법을 선택하기도 한다. 자기 유전자를 자녀에게 그대로 물려주는 것이다.

　어느 쪽이든 수정란 만들기부터 임신, 출산까지는 고급차 한 대 분 정도의 비용이 들지만, 첫째 아이에게는 정부가 100% 지원해주므로 자기 부담금이 없다. 둘째 아이에게는 70%를 지원해주며 셋째 아이부터는 지원금이 없다. 단, 아이가 사망했을 때는 그에 상응하는 만큼 지원금 혜택이 부활한다.

　아이를 양육하는 데도 마찬가지로 막대한 비용이 들기 때문에 일반 시민은 보통 자녀를 한 명에서 기껏해야 두 명 정도 둔다. 참고로 이때 한 명이나 두 명의 자녀를 둔다는 것은 커플당 한 명이나 두 명이라는 뜻이 아니라, 말 그대로 1인당 한 명이나 두 명이라는 뜻이다. 디스커넥트 인간의 사회에서는 아이를 갖는 일도 커플 단위가 아닌 개인 단위다. 물론 아이를 갖지 않는 사람도 많다.

사회가 결혼이나 연애 따위에 상관없이 모든 사람이 스스로 원할 때 부모가 되는 것을 보장해준다. 정자나 난자는 자원봉사자가 무상으로 제공한 것부터 혈통서가 붙은 고액의 것까지 다양하다. 하지만 주류는 클론 기술이나 재생 의료 기술을 구사해 만든 것이다. 정자와 난자의 결함 부위를 검사하고 복구했으므로 안정성이 높다. 이와 같은 관리를 싫어해서 검사받지 않은 정자나 난자를 고집하는 사람도 있지만 예외적이다.

누구든 보통 위험한 열성 유전자를 여러 개 가지고 있으므로, 이 유전자가 중첩되지 않도록 수정할 정자 또는 난자와 대조하는 작업을 한다. 종교상의 이유 등으로 이러한 조작을 꺼리는 사람도 있으나 조작하지 않은 사례에서는 어쩔 수 없이 일정 비율로 비극이 일어난다.

수정을 통해 새로운 생명을 탄생시키려면 정자와 난자라는 배우자(配偶子)가 필요하다. 자신에게서 나온 배우자(配偶子)만으로는 부족하므로, 무언가 방법을 써서 성별이 다른 배우자(配偶子)를 손에 넣어야만 한다. 그러나 이 방법에는 문제가 있다. 절차가 복잡할 뿐 아니라 자신이 아닌 다른 배우자(配偶子)가 섞임으로써 늘 예기치 못한 다양한 문제들이 생긴다는 점이다. 자신의 유전자를

50% 물려받았다고 해도 나머지 50%는 타인이다. 유전자가 한데 뒤섞이면 나와 전혀 닮지 않은 아이가 태어나기도 한다. 이와 같은 위험성을 피하면서 어차피 자손을 남긴다면 자신과 똑같은 존재를 남기고 싶다는 사람이 늘어나 최근에는 교배에 의한 수정이 아닌 체세포 클론 기술을 이용해, 자손으로 자신의 클론을 남기는 사람이 늘고 있다.

만일 본인의 생식 기능 등에 문제가 있어도 체세포 클론이라면 아무 문제 없이 자기 자식을 품에 안을 수 있다. 게다가 그 아이는 말 그대로 자기 분신이다. 자신이 태어나 성장해온 과정을 재현하므로 어린 시절의 나와 만날 수 있다.

물론 이와 같은 부모와 자녀 사이를 쌍둥이 부자, 일란성 모녀 등으로 부르며 야유하거나 반발하는 사람도 있다. 하지만 이러한 사람은 오래된 세대의 생존자들로, 새로운 사람들은 일란성 부자, 모녀란 사실을 즐긴다.

게다가 클론 자녀의 등장으로 성(性)이라는 장벽은 단번에 극복되었다. 오늘날에는 성의 개입 없이 자손을 남기는 것이 당연해졌으므로, 성 자체에는 그리 대단한 의미가 없다. 그래도 성을 고집하는 사람이 전혀 없지는 않다.

성은 머리카락이나 피부색, 동공의 색과 같은 개성으로 취급된다. 자신의 성별에 상관없이 남성을 선호하는 사람이 있으면 여성을 선호하는 사람도 있다. 둘 다 선호하는 사람도, 어느 쪽도 선호하지 않는 사람도 있다. 누구를 선택할지는 본인의 자유다.

또 클론 자녀의 등장은 생식에 있어서 나이라는 장벽까지 극복해냈다. 즉 나이에 상관없이 누구든 아이를 가지게 되었다. 체세포 클론으로부터 아이를 만들 경우, 100세든 150세든 극단적으로 말해 본인이 죽은 후에도 세포만 보존되어 있으면 세포를 초기화하여 발생을 일으킬 수 있다. 아이를 원하지 않았던 사람이 임종이 가까워졌음을 깨닫고 자기 분신을 세상에 남기는 사례 또한 늘고 있다.

　체세포에서 감수분열을 유도하여 배우자(配偶子)를 만드는 기술도 발전 중이다. 이 기술을 사용하면 나이에 상관없이 수정에 의한 아이, 즉 고전적 의미의 아이를 남길 수 있다. 다만 많은 사람이 자기 이외의 요소가 섞인 유전자 키메라[13]를 자신의 분신으로 생각하지는 않는다. 그리고 실제로는 이와 같은 어중간한 인간을 일부러 남기는 일에 무슨 의미가 있느냐며 의문시하는 사람도 있다.

　예전에는 남녀 한 쌍이 만나 둘 사이에 사랑이 생겨났을 때 상대방을 닮은 아이를 남기고 싶다는 욕망을 느꼈다고 한다. 지금은 전설이 되어버린 이 사랑의 신화를 만들어낸 것은 자신과 자신이 사랑하는 사람의 결합을 통해 그 사랑을 영원히 남기고 싶다는 소망이었던 듯하다. 그러나 오늘날에는 자신이 사랑하는 사람이란 감각이 무뎌진 탓에 자기 이외의 사람과 자신을 결합한다는 개념

---

13. 한 개체에 유전자형이 다른 조직과 서로 겹쳐 있는 유전 현상 또는 서로 다른 종끼리의 결합으로 새로운 종을 만들어내는 유전학적인 기술

자체는 그저 기상천외한 상상력이 되고 말았다.

하지만 어떤 사람은 동경하는 아이돌이나 스타를 자신과 결합하고 싶다는 소망을 품기도 한다. 사람들이 아이돌이나 스타의 유전자에만 쏠리게 되면 인류의 유전자풀은 빈곤하고 불균형해진다. 따라서 특정 인물의 정자나 난자는 100개까지 유포할 수 있다는 제한이 걸려 있다.

화랑에서 실크 스크린이나 석판화 같은 판화 작품을 구매하면 작품에는 '101/250'과 같은 숫자가 쓰여 있다. 이 숫자는 찍어낸 작품의 총수가 250장이고 그중 101번째 작품이라는 뜻이다. 마찬가지로 동일 인물의 정자나 난자에서 태어나는 아이는 100명까지로 제한된다. 또 동일 인물의 클론에 관해서는 1인 1클론이라는 원칙도 있다(단, 클론이 사고나 병으로 사망했을 때는 클론을 다시 만들어도 된다). 이는 동일 인물의 클론이 많이 만들어져 이 세상에 넘쳐나는 것을 방지하기 위한 원칙이다.

그러나 관리에는 한계가 있어 어떤 엄격한 규제에도 빠져나갈 구멍이 있기 마련이다. 관리가 허술한 어느 지역에서는 여기저기에서 얼굴 생김새가 똑같은 사람이 걸어 다닌다는 이야기도 들린다. 또 실제로는 특정 인물의 정자나 난자가 비싼 값에 암거래되고 있다. 돈만 많이 내면 아이돌의 아이를 품에 안을 수도 있는 것이다.

다만 어떤 수단을 써서 배우자(配偶子)로부터 수정란을 손에 넣든, 체세포 클론을 만들든, 탄생한 배아는 대리모가 될 여성의 자궁에 이식되거나 인공 자궁에 이식되어 키워진다. 여기에도 다양한 옵션이 있으므로 각자의 경제 사정이나 기호에 따라 아이를 어떻게 키울지를 선택한다.

가장 돈이 많이 드는 방법은 대리모를 사용하는 선택지고, 가장 돈이 적게 드는 방법은 인공 자궁을 사용하는 선택지다. 하지만 성능이나 안전성 면에서 말하면, 이 둘의 차이는 점점 축소되더니 급기야 역전되었다. 인공 자궁의 성능이 불안정했던 시기에는 자궁 파열 등의 사고나 불육증,[14] 저산소 등의 문제가 일어나는 바람에 대리모 쪽이 안전성 면에서나 대내 환경 면에서나 뛰어나다고 여겨졌다. 하지만 인공 자궁의 성능이 향상된 후로는 대리모를 사용했을 때를 더 위험하게 여긴다. 대리모는 유산이나 조산할 위험이 더 높고 몰래 약물을 남용할 위험도 있는 까닭이다.

하지만 건강하고 품행 방정한 데다가 젊고 탄력성 좋은 자궁을 가져 대리모로 적합한 여성은 어디에서든 인기가 많다. 그들은 대리모 부족 문제와 맞물려 고액의 보수를 받을 수 있다. 대리모업은 '유대의 민족'이라 불리는 구인류에게 가장 성공적인 경제 활

---

14. 임신이 불가능하거나 임신하여도 곧 유산 · 조산 · 사산을 하는 증상

동이었다.

그러나 훌륭한 대리모는 한정되어 있으므로 고통 없이 아이를 가지고 싶다는 사람들의 희망에 충분히 부응하려면, 사실상 대리모만으로 그 수요를 맞추기는 어려웠다. 대리모 부족 사태와 위탁료 급등 현상이 인공 자궁 개발을 부추기면서, 인공 자궁과 인공 태반 연구는 급속히 발전했다. 그리하여 매우 뛰어난 안정성과 양육 환경을 갖춘 인공 자궁을 양산하게 되었다.

게다가 인공 자궁을 선택하는 사람이 늘어난 배경에는 또 다른 이유가 있다. 그것은 인공 자궁에서 태어난 아이 쪽이 몸과 뇌 모두 크며 능력 면에서도 뛰어나다는 점이다.

인공 자궁에서 저란 아기는 제왕 절개로 꺼내진다. 분만 시에 골반을 통과해야 하는 보통 임신의 경우, 몸이나 머리가 너무 자라면 출산 시에 위험성이 커진다. 잘못되면 태아가 저산소 상태에 빠지거나 가사 분만에 이르러 장애를 입게 될지도 모른다.

인공 자궁에서는 이와 같은 제약과 리스크가 없다. 인공 자궁에서 태어난 아이 중에는 출산 시의 체중이 7kg인 사례도 드물지 않으며, 머리둘레 또한 20~50%나 크다. 그들의 뇌 용적은 평균 1.5배 크며, IQ가 200을 넘는 경우도 흔하다. 게다가 진통 시 압력을 받거나 좁은 산도를 빠져나가지 않아도 된다. 분만에 수반되는 다양한 문제와 위험을 피할 수 있을 뿐 아니라 머리가 커지면서 발생하는 불리함이 사라진 것이다.

이처럼 상황이 변하면서 대리모에 대한 수요가 낮아졌고 위탁료 또한 크게 하락하게 되었다. 대리모 업에 수입을 의존했던 너싱 클래스는 경제적으로 타격을 받았고, 이는 한때 사회 문제가 되기도 했다. 하지만 동시에 공감형 인류 여성 사이에서도 임신하거나 엄마가 되기를 꺼리는 사람이 늘면서 위험을 감수하면서까지 그다지 높지도 않은 보수를 위해서 임신과 출산을 할 사람은 점차 줄어들었다.

또 공감형 인류 여성에서도 옥시토신 수치가 저하되기 시작해, 자궁의 미발달이나 불육증과 같은 문제가 확산했다. 이와 동시에 성교 통증이나 섹스 혐오증이 밀접한 문제로 떠오르면서 디스커넥트화가 만연한 상태다. 예전에 수렵 채집 생활을 했던 부족도 근대적 생활 양식에 물들었듯이, 이를테면 마사이족이 태양 발전 시스템으로 인터넷을 자유자재로 구사하게 되면서 사냥보다도 게임에 열중하게 된 것처럼, 공감형 인류도 디스커넥트 유형의 생활 양식에 점점 편입되고 있다.

마더 로봇의 고성능화와 너싱 클래스의 쇠퇴

출산 후 아기는 아동 센터로 보내지고 유모 또는 양엄마라고 불리는 전문적인 보육사가 영유아기의 양육을 담당한다. 보육사는 이제 대리모에 이어서 높은 수입을 얻을 수 있는 전문직이다. 양엄마는 포옹과 모유 수유, 보살핌을 제공한다. 얼마간은 공감형 인류에게 그 역할을 맡겼지만, 그들도 예전만큼 육아를 능숙하게 해내지 못하게 된데다가 아이를 학대하는 사건까지 늘어나면서 여태까지 보조적 역할을 해왔던 마더 로봇에 대한 기대가 높아졌다.

진짜 가슴과 꼭 닮은 젖가슴과 높은 응답성, 그리고 공감 능력을 겸비한 마더 로봇은 인간 유모를 대체했다. 최근에는 보통 마더 로봇에게 수유나 전반적인 보살핌을 맡긴다. 공감형 인류의 생존자인 '유대의 민족'이 줄어 유모를 구하기가 어려워진데다가 유모에 대한 애착 문제가 이후 아이가 적응하는데 지장을 줄 수도 있는 까닭이다. 마더 로봇은 훨씬 적절한 보살핌을 베풀 뿐 아니라 과잉보호하거나 지나치게 애착하지 않으므로, 아이를 자립심이 강한 디스커넥트 유형 아이로 훌륭히 키워낸다고 평가받는다.

그동안 인간 유모에게 양육된 아이와 마더 로봇에게 양육된 아이를 비교한 코호트 연구가 여러 번 실시되었다. 최근의 연구에서는 모두 마더 로봇에게 양육된 아이 쪽이 사람에게 매달리거나 집착하지 않은 데다가, 고독을 고통스러워하지도 않고 디스커넥트 사회에 잘 적응했다는 결과가 나왔다. 이와 같은 데이터의 영향으로 유모나 양엄마는 마더 로봇을 이용할 수 없는 계급에서만 선택된다. 그래도 일정한 비율로 인간 양엄마에게 아이의 양육을 맡기는 부모들도 있다.

디스커넥트 인류는 이렇게 해서 그들의 가장 큰 과제, 즉 섹스하거나 친밀한 관계를 맺지 않고도 자손을 남겨서 종을 유지하는 문제를 해결했다.

부모 자식 관계는 혈통을 보여주는 데 지나지 않으며, 많은 사람이 자손을 남기는 일에 커다란 가치를 두지 않는다. 다만 특정한 부류만 많은 자손을 남기고 대다수가 자손을 남기지 않음으로써 유전자풀의 다양성이 저하될 우려가 있다는 이유로, 시민 당 자손을 한 명 남기는 것이 양식 있는 시민의 역할로 장려되고 있다.

디스커넥트 인류의 부모 자식 관계

당연히 디스커넥트 인류의 부모 자식 관계는 참으로 담백하고 깔끔하다. 자신에게 유전자를 준 존재로서 어느 정도 경의는 표하지만, 특별히 애착하지는 않는다. 때때로 면회를 오거나 용돈을 주는 존재일 뿐이다. 20세기적 감각으로 말하면 1년에 한두 번 정도 와서 함께 식사하고 용돈을 주는 먼 친척 아저씨나 아줌마 같은 존재다. 헤어질 때 역시 만났을 때와 마찬가지로 특별히 감정이 동요되지 않는다. 면회하는 동안에도 질문에는 대답하나 속마음은 말하지 않는다. 보통은 의례적으로 대한다. 어리광을 부리거나 친밀함을 표하지도 않는다. 부모 역시 마찬가지다. 아이가 어리광을 부리는 대상은 오히려 유모나 마더 로봇이다.

예전에 어린아이가 인형을 애착해 함께 잠을 자거나 늘 몸에 지니고 다녔듯이, 아이가 마더 로봇에 꼭 붙어 있으려 하거나 마더 로봇과 함께 자는 일은 매우 흔하다. 마더 로봇은 응답성이 높지만, 인간 유모와 비교했을 때 소극적으로 응답하게끔 의도적으로 설정되어 있다. 예를 들면 아이가 울음을 터뜨렸을 때, 1초 이내에 아이를 들어 올리고 어르도록 시간을 설정할 수도 있으나 일부러 조금 천천히 반응하도록 설정되어 있다. 과도한 응답으로 아이가 마더 로봇에 지나치게 애착하는 것을 방지하기 위해서다. 게다가 아이의 성장에 맞춰서 서서히 응답성이 낮아지도록 프로그래밍이 되어 있다. 예전에 어린아이가 어느 시기가 되면 인형을 버렸듯이 아이가 자립하려면 어느 시기부터는 마더 로봇 없이도 생활할 수 있어야 한다.

디스커넥트 인류는 말하고 움직이는 인형에게 양육된 아이나 다름없다. 아이의 성장과 함께 엄마의 역할을 완수한 로봇은 낡고 더러워진 인형처럼 자신의 존재감을 지워간다.

더군다나 가끔 얼굴을 마주할 뿐인 부모와의 관계는 지극히 희박하다. 성인이 된 후에도 부모와 거의 만나지 않는 사람이 많다. 부모가 병에 걸려 입원하거나 임종을 앞두어도 한 번이라도 병문안을 가면 다행인 편이다. 아이는 대체로 부모에게 무관심하며 부모의 죽음에 마음이 동요되지 않는다.

자신의 뿌리를 조사하는 일에 흥미를 보이는 사람도 있기는 하다. 하지만 조사를 하면 할수록 부모도, 그 부모의 부모도, 그리 대단한 일을 한 것도 아니면서 아이를 기계나 남의 손에 맡기고 자기 마음대로 살았다는 사실만이 분명해질 뿐이다. 대개는 깊은 실망감만을 맛본 채 끝난다. 그러나 더욱 거슬러 올라가면 부모가 아이를 위해서 자신을 희생했던 시대가 있었다는 사실을 알고 놀라움을 감추지 못한다. 목숨을 걸고 아이를 낳았고, 자기 몸이 망가지는 것을 감수하면서까지 직접 젖을 먹였으며, 밤에 잠도 못 자고 아이를 보살폈던 시대가 있었음을 알고 먹먹한 감정에 휩싸인다. 이를 두고 어리석고 야만적인 풍습이라며 비웃는 사람도 있지만 일부는 가슴 찡한 감정을 느끼기도 한다.

학교의 쇠퇴

디스커넥트 인류의 사회에서 급속하게 진행된 사건 중 하나는 학교라는 제도의 변천과 쇠퇴다. 많은 아이가 똑같은 장소에 모여서 똑같은 학습 내용을 교사 한 명에게 배운다는 형식은 디스커넥트 인류의 특성에도 그들이 만드는 사회의 요구에도 맞지 않게 되었다.

디스커넥트 인류의 선조들은 패거리나 무리 짓기를 좋아하는 공감형 인류로부터 자주 따돌림을 당했고, 괴롭힘이나 학대를 당하는 일도 흔했다. 선조들에게 학교는 종종 불쾌하고 고통에 가득 찬 장소였고 어떤 사람은 학교를 그만두어야만 했다. 그러나 이를 두고 세상 사람들은 집단에서 낙오된 것으로 간주했으며, 그들을 대체로 열등하다고 오해했다.

이런 현상은 처음에 '등교 거부'라 불리다가 그 후 '부등교(不登校)'라고 불리게 되었다. 학교에 다니게 하려고 주위에서 압력을 넣기도 했다. 이후 등교를 거부하는 아이들이 늘어나 집에서 학습하는 방법이 발전하면서, 학교에 가서 인간 교사에게 가르침을 받을 때보다 집에서 AI와 공부하거나 개별 활동에 열중했을 때 훨씬 높은 성과를 내는 사례가 두드러지게 되었다. 그리하여 학교에 가지 않고 가정이나 그 밖의 장소에서 독자적으로 학습 또는 과외 활동을 하는 사람이 점점 늘어났다. 이 방법은 처음에 유용한 선택지 중 하나로 인정받았다. 그러나 디스커넥트 인류가 절반을 넘은 무렵부터 많은 사람이 이 방법을 선택하게 되면서 상황이 역전되었다. 학교가 적막한 장소로 변한 것이다.

학교는 줄줄이 문을 닫았다. 안타깝게 생각하는 사람도 있었지만 많은 사람이 이를 당연하게 받아들였다. 그 무렵에는 학교라는 제도 자체가 봉건 제도나 노예 제도와 마찬가지로 강한 자가 약한 자를 지배하고 학대하는 행위를 조장했으므로, 사람들은 학교를 문제 많은 과거의 유물로 간주했다.

애초에 학교 제도는 봉건주의를 타파하기 위한 사상 교육, 부국강병과 국가의 공업화, 근대화와 결합하여 시작된 제도였다. 한쪽에는 군대가, 다른 한쪽에는 학교가 있고, 이 두 제도가 국가의 토대를 이룬다고 생각했다.

따라서 학교 제도는 군대 제도와 공통점이 많았다. 학생은 교사의 지시에 반드시 복종해야 했고, 상관이 부하를 체벌하듯이 교사는 학생을 체벌할 수 있었으며, 학생은 종종 연대 책임을 져야 했다. 또 교사는 학생이 자신을 따르게 하기 위한 수단으로서, 자기 뜻대로 행동하는 학생으로 하여금 자기 마음에 들지 않는 학생에게 압력을 넣게 했다. ㄱ 학생들을 고립시킴으로써 간접적으로 질책한 것인데, 이 또한 상관이 부하의 행동을 제한하는 데 활용했던 방식이었다.

이와 같은 풍조는 21세기가 되어서도 남아있었을 정도였다. 주변 사람에 협조하는 능력이 부족했던 디스커넥트 인류의 선조들은 으레 주변 사람들에게 소외되어 따돌림을 당했다. 그러나 그늘에서 보이지 않는 실을 조종했던 사람은 대체로 교사였다.

학교의 민주화가 이루어지면서 학생의 권리도 보호받게 되었지만, 그 군대적 제도의 본질은 거의 변하지 않았다. 이 본질은 학교라는 제도에 깊이 뿌리를 내리고 있어서 이 제도 자체를 포기하지 않는 한 벗어나기 어려운 것이었다.

그래도 디스커넥트 인류 이전의 구인류가 중심이 된 학교 보존주의자들은 학교 제도를 고집하고, 아이들을 학교에 다니게 하는 데 집착했다. 그러나 사회의 중심을 이루게 된 디스커넥트 인류는 학교라는 말을 들으면 시대착오적인 느낌과 함께 강한 심리적 거부감을 맛볼 뿐이었다.

일반적인 디스커넥트 인류의 아이들은 대개 자택이나 외출지 또는 이동한 곳에서 AI에게 수업을 받는다. AI가 이수 시간과 학업 성취도를 관리한다. 이뿐만 아니라 보통은 게임 시간이나 SNS 사용 시간까지도 AI가 관리한다. 옛날 부모들은 게임 시간이나 스마트폰 보는 시간을 두고 아이들과 매일같이 말싸움을 벌였고 때로는 폭언을 퍼부었다. 그리고 다람쥐 쳇바퀴 돌 듯이 부모가 게임기나 스마트폰을 숨기면 아이가 찾아내기를 반복했지만, 이와 같은 상황은 이제 불가능하다.

AI가 모든 정보 기기의 이용 상황을 감시해 아이에게 의존 징후가 없는지를 알아내고, 서로 간에 제어한다. 하지만 어느 시대에나 아이는 빠져나갈 구멍을 발견해내는 천재다. 불법으로 팔리는 감시 장치를 뗀 게임기, 또는 정보 기기를 몰래 옷장 속에 숨기고 마음껏 게임을 하거나 동영상을 보는 아이도 많다.

디스커넥트 인류가 추구하는 사회

디스커넥트 인류의 사회에서는 아무도 얼굴을 맞대고 본심을 이야기하지 않는다. 얼굴을 맞대고 있을 때도 표면적인 의례와 형식이 관계의 전부다. 쓸데없는 말을 하지 않는 것이 상대방에게 상처를 주거나 문제를 일으킬 소지가 없는 가장 안전한 대처란 사실을 본능적으로 익혔다.

구인류 사이에서 종종 인기를 끌었던 독설 연예인이나 직접적이면서 공격적 발언을 하는 정치인 같은 종족은 디스커넥트 인류에게 가장 꺼림칙한 존재다.

디스커넥트 인류는 타인을 험담하고 비판하며 공격하는 존재를 몹시 혐오할 뿐 아니라 절대 신용하지 않는다. 지금은 다른 누군가를 향해 있는 험담이나 공격이 언젠가 자신을 향하게 될지도 모른다는 사실을 아는 까닭이다. 실제로 끊임없이 남의 험담을 하는 선동 정치인 탓에 역사는 비극을 되풀이해왔다. 그들은 정의라는 이름으로 그동안 인간이 할 수 있는 온갖 심한 악행을 일삼았다.

디스커넥트 인류는 한층 높은 곳에서 이처럼 어리석은 구인류의 피비린내 나는 살생의 역사를 똑똑이 지켜보며 마음에 새겼다. 따라서 누군가가 남을 험담하며 공격적으로 말하고 행동하기만 해도 두려움에 떨며 위험한 존재라고 인식한다.

디스커넥트 인류가 가장 경멸하는 대상은 험담하거나 공격적이거나 감정을 그대로 드러내는 사람이다. 목소리가 크거나 억지스러운 사람도 혐오한다.

공평과 평등은 디스커넥트 인간이 특히 중시하는 가치관이다. 완벽하게 공평한 사회의 실현이야말로 목소리가 큰 사람이나 처세에 능한 사람만 이익을 챙기는 것을 막아주고, 과묵하고 다툼을 꺼리며 자기주장이나 연줄 만들기에 서툰 디스커넥트 인류가 불리한 대우를 받지 않도록 지켜주기 때문이다.

공평과 평등의 이념을 기반으로 하는 사회는 디스커넥트 인간에게 살기 편한 사회인 것이다.

민의가 아닌 AI가 통치하는 세상

디스커넥트 유형인 사람은 인맥을 만들거나 파벌을 형성하는 것을 혐오한다. 소수파로 살아갈 숙명을 짊어졌던 디스커넥트 유형의 선조는 고립이나 따돌림, 괴롭힘, 박해를 받을 위험에 항상 노출되어 있었다.

민주주의 국가는 주권이 인민에게 있고, 인민의 의사, 즉 인민에 의해 통치되는 국가를 말한다. 하지만 지금은 그 어디에서도 인민을 찾아보기 어렵다. 인민이 아닌 한 사람 한 사람의 개인만 있다. 게다가 그 인민의 의사인 민의만큼 미덥지 못하고 잘못을 저지르는 것도 없다는 사실은 여태까지의 역사가 여러 번 증명했다. 박해나 탄압, 대량 살육조차 종종 민의라는 미명하에 자행되었다. 수많은 전쟁을 일으킨 것도 민의이며, 민의 앞에 무리 짓는 방법조차 모르는 고립된 개인 따위는 롤러에 짓뭉개지는 개미나 다름없다.

예전에 왕과 인민이 주권을 둘러싸고 다투었듯이 근래에 일어난 주권 다툼은 인민과 개인의 투쟁이다. 개인에게는 국민이나 대중 같은 인민이 가장 위험하다.

집단에 생리적 혐오와 공포를 느끼는 디스커넥드 인류는 어떻게 개인에 대한 집단의 폭력과 위협을 없앨지를 고심해왔다. 20세기 후반 이후의 100년 정도는 민주주의가 아닌 개주주의(個主主義)를 법적, 사회 제도적, 윤리적으로 확립하는 데 소비해 왔다고 말해도 지나치지 않다.

그런데 디스커넥트 인류가 다수파가 되면서 이 문제가 단숨에 현실화되었다. 공동체가 개인의 하수인이 되는 경향은 20세기 말 무렵에 이미 나타났지만, 이 경향이 최근 반세기 동안 더 확고해져서 법과 사회제도로 정비되었다.

민주주의는 분명 인민의 폭력으로부터 개인을 지키는 데 한계가 있다. 민주주의는 인민의 변덕스러운 감정에 좌우되는 데다가 간접 민주주의에서는 대리인이 개입함으로써 일부 소수 의견이 민의로 둔갑하기도 한다. 초등학교나 마을 자치회라면 이래도 괜찮다. 그러나 국가를 운영하고 몇천, 몇억 명이나 되는 인간의 운명을 맡기에 이 방식은 지나치게 허술한 제도였다.

　　법치주의를 표방하면서 법원조차 민의로부터 독립하지 않았다는 사실은 새삼스레 말할 필요조차 없다. 현실에서는 민의를 배려하여 법률까지 바꾼다. 민의란 이유로 이성적 판단까지 초월하여 긍정되고 허용된다면, 이는 일종의 폭정이다. 민의가 이와 같은 위험성을 내포한다는 사실은 부정하기 어렵다.

　　감정이나 의도적인 조작이 비집고 들어갈 틈을 없애고 완전한 공평성을 실현하려면 판단을 인간이 아닌, 인지를 초월한 존재에게 맡겨야 한다는 주장은 비교적 일찍부터 있었다. 2020년대 트럼프 정권이 붕괴하자 정치와 사회의 안정을 촉구하는 목소리가 높아지면서 이를 실현하기 위한 프로젝트가 출범했다.

　　정치뿐 아니라 경제, 행정, 사법의 각 분야에서도 처음에는 AI의 판단을 참고 의견으로 제시했고, 참고 의견과 인간의 판단을 병기하여 공표했다. 그런데 그 후 반복해서 검증한 결과, 공평함과 공정성 면에서 AI의 판단이 압도적으로 뛰어날 뿐 아니라 문제를 해결하는 데 유효하다는 사실이 증명되었다.

　　오늘날 정치인이나 판사는 AI가 낸 결론을 승인하고 서명하는 일을 한다. 물론 때때로 AI가 이상한 판단을 내리기도 하지만, 그것은 인간 직원이 중요한 정보를 입력하지 않았기 때문이다. 지금은 방대한 데이터 속에서 AI가 데이터 마이닝을 통해 필요한 정보를 스스로 손에 넣는다. 인간이 입력하는 수고를 덜게 된 덕분에 이제 이 같은 초보적 오류는 일어나지 않는다.

인민의 폭력과 위협으로부터 개인을 지키려면 규칙이 공정해야 하고, 또 엄격히 지켜져야 했다. 여기에 민의가 개입되고 세공이 가해져서 특정 집단에 유리하게 변형된 규칙은 대개 디스커넥트 유형인 사람에게 불리하게 작용해왔다. 민의란 대체로 목소리가 큰 특정 이익 집단이 만들어낸 것으로, 그들은 보통 무리를 짓는 일에 서툰 디스커넥트 인류 선조의 주장을 무시해버렸기 때문이다. 그런데 AI의 통치로 싱황이 급격히 변했다. 가장 큰 요인은 법률 엄수와 법 절차의 신속화를 실현한 덕분이다.

계약이나 법률로는 사람들의 행동을 옭아매는 데 한계가 있다. 법률은 현실의 변화를 따라가지 못하나, 계약을 이행시키려면 마지막에는 법적 절차가 필요하다. 하지만 그러기에는 너무나도 긴 시간이 소요된다.

완벽한 질서를 유지하려면 현실 변화에 즉시 부응하여 법을 정하고, 또 순식간에 법을 적용해야 한다. 그렇지 않으면 법안이 통과될 무렵에는 빠져나갈 새로운 길이 만들어지므로, 재판에서 승소해서 계약을 실행시키려고 애써 보았자 상대방의 수중에는 한 푼도 없는 상황이 생긴다. 숨 가쁘게 변화하는 현실을 슬로우 모션처럼 움직이는 법률이 뒤쫓아가는 상황에서, 정의 따위는 육법전서 안에만 든 거짓일 뿐이다.

하지만 AI는 이와 같은 상황을 바꿨다. 완전히 공평하고 평등한 법이, 인간이 그 법을 거의 앞지르는 것과 비슷한 속도로 끊임없이 개정되어 순식간에 시행되므로, 단 몇 초 만에 재판을 끝낼 수 있다. AI 판사가 AI 검사나 AI 변호사와 싸우고, 기록된 모든 데이터를 증거로 완벽하리만치 합리적 결론을 도출해낸다. 마음만 먹으면 반나절 안에 여러 차례의 공판 준비와 증거 조사, 여러 차례의 공판과 최종 변론, 판결까지 해낼 것이다. 아무도(살아있는 인간이라는 의미지만) 읽지 않겠지만 수천 장에 달하는 멋진 판결문까지 쓸지도 모르겠다. 당일에 계약을 강제로 이행해서 압류를 끝마칠 것이다.

그 누구도 이제 법률을 어겨야겠다고 생각하지 않는다. AI는 모든 것을 알고 있으므로 AI를 거역해보았자 아무런 소용이 없다. 뛰어난 사기꾼도 더는 설 곳이 없다. 방대한 데이터가 거짓말이란 사실을 간단히 폭로해버린다. 인간의 지성을 낳았고 그 본질적 특성이라고까지 일컬어지는 사회적 지성은 거짓말을 하기 위해 진화해왔지만, 이제는 시대에 뒤떨어진 유물이 되었다. AI 입장에서 인간의 거짓말하는 능력 따위는 몰래 음식을 집어 먹어 입 주변이 더러워졌는데도 시치미를 떼는 어린아이 같은 수준이다.

AI와 협상하려면 AI 말고는 도저히 상대가 안 된다. 생각이나 감정을 가지는 것은 그것을 간파당할지도 모른다는 점에서 약점이 된다. 따라서 어떤 사항을 다루든 협상 담당자는 최소한 생각이나 감정이 없어야 한다.

공정한 규칙이 모든 사람에게 평등하게 적용되려면 사적인 견해나 감정에 좌우되는 인간이 인간을 재판하는 행위는 합리적이지 않다. 이를 가능하게 하는 것은 AI밖에 없다. 디스커넥트 인류의 사회에서는 사법은 물론 정치와 행정에 이르기까지, 모든 정보의 처리와 판단을 AI가 하는 것이 상식이다.

디스커넥트 인류는 끝없는 다람쥐 쳇바퀴에 종지부를 찍으려 한다. 감정에 좌우되어 똑같은 잘못을 끝없이 되풀이하는 민의가 아닌, 과거의 잘못과 교훈을 절대 잊지 않는 AI 시스템에 처리하게 함으로써, 공평함과 공정함을 최대한 담보한다.

인간에게 남겨진 중요한 역할은 이 시스템을 관리하는 일이다. 혹은 AI의 결정에 대한 불복 제기를 심사하는 작업도 중요해지리라. 심사 결과는 시스템의 알고리즘에 반영된다. 하지만 알고리즘을 변경할 때도 사적인 견해가 들어가지 않도록 AI가 그 변경이 적정한지를 최종적으로 심사할 것이다.

국회에는 민의의 대표자인 국회의원이 아직 있을지도 모르지만 모든 사람이 국회의원의 발언이나 국회의 결의보다 AI의 결정을 더 신뢰할 것이다. AI는 처음에 국회의 결정을 보좌하는 역할로 출발할지도 모른다. 그러나 머지않아 사람들의 신뢰를 얻으면 예전의 귀족원이나 추밀원처럼 국회보다 우월한 존재로 군림하게 된다.

AI가 입법, 사법, 행정의 삼권을 수중에 넣을 때 완전한 공평함과 평등이 실현된다. AI는 어떤 알고리즘을 채택할까. 이를테면 개인의 권리 사수와 국민의 이익 최대화, 이 두 가지 목적이 맞부딪치는 사례는 쉽게 예상할 수 있다. 그리하여 개인의 권리 사수를 최상위에 두고, 그 경우에만 국민의 이익을 최대화하는 최적의 답을 찾아내는 알고리즘이 실현된다면, 사람들의 강한 지지와 신뢰를 얻게 될 것이다.

단, 사람들은 그 최적의 답이 정말로 최적의 답인지를 계속 검증하고 만일 최적이 아니라면 피드백을 받아 수정해야 한다. 하지만 머지않아 알고리즘이 더욱 강력해져서 제아무리 똑똑한 인간이 몇만 명 모여도 하기 힘든 적확한 판단을 신속하게 내리게 된다.

경쟁이나 불평등을 어느 정도 허용해야 인류 전체가 가장 행복할까, 변화나 스트레스가 어느 정도 있어야 사람들이 건강하고 생기있게 살까 등의 척도를 조정해야 한다는 논의는 계속될 것이다. 어느 시대에는 가장 적합하게 여겨졌던 척도도 사실은 그렇지 않았다는 사실이 판명될지도 모르고, 시대에 따라 가장 적합한 척도의 조합이 변화할지도 모른다.

다만 어느 쪽이든 이러한 절차를 인간에게 맡겨둘 때보다 AI에게 맡겼을 때 훨씬 합리적이고 공평하며 충실하게 실행될 것이 틀림없다.

부정을 저지르거나 게으름을 피우지도 않으며, 번아웃되어 판단하는 작업에 열정을 잃은 나머지 싫증 내는 일도 없다. 애초에 열정 따위도 없거니와 언제나 변함없는 충실함으로 사명을 다한다. 그 고른 일 처리야말로 안심감을 보장한다. 특히 디스커넥트 인류에게 안락한 세상을 만들어 준다.

언제나 판에 박힌 똑같은 말만 되돌아온다고 해도 이편이 낫다. 상대가 달라졌다는 이유로 태도나 대응이 변하는 편이 더 문제이기 때문이다.

우여곡절은 있었지만 디스기넥트 인류가 다수를 차지한다는 상황 속에서, 디스커넥트 인류에게 안락하고 안전하며 공평·공정한 사회가 거의 실현되려 하고 있다.

게다가 이와 같은 사회가 이룩된 데에는 애착이라는 시스템을 극복하게 된 점이 크다. 애착은 자신과 친밀한 존재를 편애하는 감정이기도 하므로, 공평하고 공정한 사회의 실현을 방해한다.

디스커넥트 인류가 이룩한 탈 애착 사회는 애착이 필요 없는 각 개인으로 성립된 사회였던 까닭에 철저한 공평함과 공정성을 추구할 수 있었다.

애착의 속박에서 벗어난 오늘날, 사람들은 육아에 시간을 빼

앉기지 않고 대부분 시간을 자기 일이나 취미, 놀이와 같은 활동에 소비한다. 섹스나 애착 문제로 고민할 필요도 없다. 상대방의 감정에 휘둘리거나 손에 넣을 수 없는 애착으로 애태우지 않아도 된다. 이루기 힘든 욕망이나 피하기 어려운 이별 때문에 가슴 아파할 일도 없다. 사람과 헤어지는 괴로움에서 해방되어 끝없이 계속되는 놀이를 즐길 수 있는 것이다.

하지만 문제가 없는 것은 아니었다.

별안간 덮쳐오는 자살 충동

디스커넥트 인류를 괴롭히는 문제 중 하나는 자살이다. 더욱이 자살은 대개 돌발적이고 충동적으로 일어난다.

평소에는 매우 온화하고 이성적인 사람이 죽음의 충동에 사로잡히면 자기 파괴 행위로 돌진해버린다. 그 충동은 매우 강렬하고 예상치 못한 순간에 덮쳐오는 까닭에 미처 막지 못하는 경우도 많다.

이러한 충동은 게임이나 내기에서 지는 등의 사소한 사건을 계기로 일어나기도 하고, 반대로 커다란 승리를 거둔 직후에 이와 같은 감정에 휩싸이기도 한다. 갑자기 뛰쳐나가 빌딩에서 뛰어내리거나 칼날을 몸에 내리꽂는다. 사인이 일일이 보도되지는 않지만 자살과 의학적 자살인 안락사가 상위를 차지한다. 많은 사람이 인생이 너무 길다고 느낀다. 남은 시간을 주체하지 못하는 것이다. 가슴에 무의미함을 품고 죽음과 아슬아슬한 줄다리기를 하며 살아간다. 이 위태로운 균형이 예기치 못한 순간에 무너지게 되면 사람은 죽음으로 곤두박질친다.

디스커넥트 인류는 행복의 절정에 있을 때도 항상 파멸의 벼랑 끝에 서 있으므로, 아주 조금 나쁜 마음이 생기기만 해도 추락할 위험이 있다. 따라서 감정 조절을 자연에 맡겨두는 것은 상당히 위험한 일이라고 생각한다. 몇월 며칠, 몇 시에 발작과도 같은 자살 충동에 휩싸일지 알 수 없는 까닭이다. 이를 방지하려면 세속해서 약을 먹는 수밖에 없다.

약 중에서도 옥시토신 분비 촉진제는 많은 사람의 필수품이 되었다. 예전에는 콧속에 뿌리는 옥시토신 스프레이를 사용했는데, 이 스프레이가 옥시토신 항체 생성을 유발하는 바람에 상황이 더욱 악화하고 말았다. 이 사건을 교훈 삼아 옥시토신 그 자체가 아닌 수용체에 결합해서 활성화하는 약이 몇 종류 개발되었고, 현재 사람들에게 제공된다. 옥시토신 분비 촉진제라 불리는 이 약은 자살 충동을 낮추는 데 큰 효과가 있다는 사실이 증명되었다.

다만 옥시토신 분비 촉진제에는 단점이 하나 있다. 한 번 사용하면 약을 끊기 어렵다는 점이다. 아니, 상당히 위험해서 약을 중단한 지 일주일 안에 자살할 리스크가 무려 70%에 달한다고 한다.

오래 사는 데 지친 사람은 옥시토신을 끊는다. 누군가 '옥스(OX)를 끊었다'라고 중얼거렸다면, 이 말은 죽음을 결심했다는 뜻이다. '옥스를 끊은 지 10일째다'라고 말하면 이제 언제 죽어도 이상하지 않다.

사실은 많은 아이가 옥시토신 분비 촉진제를 아기 때부터 계속 투여받는다. 이렇게 하지 않으면 아이가 제대로 성장하지 않는 것이다. 인공 자궁에서 태어난 아이들은 특히 그렇다. 이 아이들은 자궁에서 꺼내지자마자 옥시토신 분비 촉진제를 투여받아 왔다.

원래대로라면 분만 시에 진통과 함께 옥시토신이 모체 내에 다량 분비되고, 그 일부는 제대를 통해서 태아에게까지 이동한다. 분만 시에 일어나는 격렬한 자궁 수축은 태아의 목을 졸라 태아를 사망에 이르게 할 가능성이 있는데, 모체에서 이동한 옥시토신은 이와 같은 끔찍한 위협으로부터 태아를 지키는 데 도움을 준다.

자연 상태에서 태어난 아기는 포옹이나 애무 등의 자극을 받음으로써 옥시토신 분비가 촉진되고, 이와 동시에 옥시토신 수용체의 발현이 활발해진다. 그러나 인공 자궁에서 꺼내져 마더 로봇에 의해 길러진 아이는 어떤 방법을 써도 옥시토신계가 원활하게 작동하지 않는다. 무슨 수를 쓰지 않으면 아이가 제대로 성장하지 않는다는 장벽에 직면한 것이다. 그리하여 어쩔 수 없이 사용하게 된 약이 옥시토신 분비 촉진제다.

이 약은 수많은 아기의 목숨을 건졌다. 하지만 이로써 수많은 사람이 이 약에서 평생 헤어나오지 못하게 되었다. 게다가 이와 같은 사실은 인공 자궁이 도입된 이래 수년간 감춰져 있었다. 세상에 드러난 때는 소아 거식증과 부자연스러운 죽음(그 후 자살로 판명되었다)이 급증하면서 제삼자위원회가 원인 규명에 착수한 후다. 전모가 드러났을 때 유아였던 아이는 거의 성인이 되어 있었다.

디스커넥트 인류가 생각하는 죽음

방금 이야기했듯이 디스커넥트 인류에게는 규칙과 제어를 중시하는 이성적인 면과 그것이 갑자기 깨져 충동적 파괴에 이르는 위태로운 면의 두 가지 얼굴이 있다. 하지만 본래 가치를 두는 쪽은 이성적 제어로, 이는 죽음에 관해서도 마찬가지다. 충동적인 자살은 이성적 제어를 잃은 행위이고, 일정한 규칙에 기반을 두는 질서를 존중하는 디스커넥트 인류에게는 원치 않는 죽음의 방식이다.

디스커넥트 인류의 삶은 의미 없는 놀이다. 노는 데 싫증이 났다면, 혹은 놀이에 더는 마음이 끌리지 않는다면, 이는 디스커넥트 인류에게 있어서 진정한 절망이자 종말이다. 많은 디스커넥트 인류가 이때 죽음을 선택한다. 디스커넥트 인류는 공허함과 따분함을 견디면서까지 삶이 지속하기를 바라지 않는다.

디스커넥트 인류는 나이를 먹어 쇠약함을 느끼거나 병에 걸려 몸이 말을 듣지 않게 되더라도 아직 게임을 한다거나 도파민이 나올 만큼 가슴 뛰는 일을 할 수 있는 한 계속 살아가려고 한다. 그러나 그것조차도 따분하게 느껴진다면 살아갈 의미를 잃어버린다.

양식 있는 디스커넥트 인류는 삶이 기쁨이 아닌 고통일 뿐이라는 사실을 깨달았을 때, 안락사에 의한 자살을 선택하고 몰래 이 세상에서 사라진다. 디스커넥트 인류에게는 이와 같은 죽음을 이성적으로 제어된 아름다운 죽음으로 여긴다.

자산은 게임에 참가하는 데 필요한 칩

디스커넥트 인류에게 개인의 자산은 게임에 참가하는 데 필요한 칩과 같다. 칩을 많이 가지는 것은 게임을 계속해도 된다는 보장이 된다. 또 한 번에 많은 칩을 걸어서 게임의 흥분도를 높일 수도 있다.

다만 애착에 얽매이지 않는 디스커넥트 인류는 자신이 사랑하는 특별한 존재를 위해서 칩을 더욱 늘리겠다고는 생각하지 않는다. 게다가 칩은 늘리는 것 자체가 즐거운 법으로, 처음부터 칩을 많이 가지면 게임의 흥은 반감되어 버린다. 쓸데없는 짓을 해서 즐거움을 앗아갈 권리는 누구에게도 없다.

자녀나 친족에게만 부를 남기려 하는 공감형 인류와는 달리, 디스커넥트 인류는 그 누구와도 특별한 유대를 느끼지 않으므로, 칩을 전부 사용하지 못할 만큼 불리고 나면 대개 그 이상 늘리는 일에는 관심을 잃게 된다.

성공을 거둔 플레이어는 임종이 가까워지면 보통 자신이 좋아했던 분야의 발전을 위해 대부분 재산을 기부한다. 어떤 사람은 기념관을 세우는 등, 각종 공공 건축물을 기부하기도 한다. 수많은 공공 건축물이 세금이 아닌 성공한 플레이어의 기부금으로 세워졌다. 재산을 생전에 자신과 관계를 맺은 사람에게 남기지 않고 자신이 이 세상에 존재하고 활약했음을 기념하는 비석을 세우는 데 쓰는 것이다.

무차별 대량 살상과 테러

하지만 개중에는 이와 같은 평화로운 방법으로 인생의 막을 내리는 것에 만족하지 않는 사람도 있다. 디스커넥트 인류의 또 다른 중대한 문제는 아무리 방책을 세워도 무차별 대량 살인이 끊이지 않는다는 점이다.

그들에게는 신도 부모도 없다. 사랑을 모를 뿐 아니라 삶에 어떠한 의미도 부여하지 않는다. 끝없는 공허를 유흥과 흥분이라는 즐거움으로 달래고 어떻게든 계속 살아간다. 그러나 무의미한 자신이라는 존재를 만들어낸 이 사회에 근원적 분노를 느낀다. 평소에는 이러한 분노를 잊은 채 눈앞의 게임에 열중하지만, 이제 그 게임에도 열중할 수 없게 되어 자신을 달래 줄 무언가가 사라지면, 때때로 무의미한 자신을 만들어낸 사회에 대한 노여움에 사로잡힌다.

이때 자신뿐 아니라 무의미한 이 사회까지 끝내기를 소망한다. 이 소망을 이루기 위해서 되도록 많은 사람을 길동무로 삼으려 한다. 그들이 이처럼 난폭한 행동을 하려는 이유는 원한이나 분노 때문만은 아니다. 오히려 더 적극적인 이유에서 이렇게 행동하기도 한다. 그 이유는 무의미한 삶으로부터 사람들을 자유롭게 함으로써 구세주가 되려는 동기다. 자신이 사살되는 것은 시간의 문제 겠지만 사살될 때까지 자기 인생을 걸고 사람들에게 구원을 가져다주려고 하는 것이다.

이는 비정상적인 정신 병리의 조화다. 그러나 많은 디스커넥트 인류가 이 문제에 제대로 반론하지 못한다. 그저 입을 다물려고

만 한다. 불행한 사건으로 여길 뿐 그 이상 많은 이야기를 하려고 하지 않는다. 입 밖에 내어 말하지는 않아도 속내를 말하자면, 대부분 범인과 똑같은 감정이 머릿속을 스쳐 간 적이 있기 때문이다.

때로는 인공 자궁 시설을 파괴하려고 하거나 배우자(配偶子) 동결 시설을 폭파하려고 계획하는 등의 테러 행위가 발각되기도 한다. 대부분 미연에 방지되지만 설비 피해가 발생하기도 한다. 사회의 존속과 관련된 중요한 기관이기는 하나 무의미한 존재를 계속해서 생산해내는 행위를 격렬하게 증오하는 자가 있는 것이다. 자신도 그렇게 만들어졌듯이 사랑 없이 배양액 속에서 생명이 만들어지는 현실에 출구 없는 분노를 느낀다.

어떤 사람은 무의미한 삶의 생물학적 수명만을 늘리려 하는 재생 의료나 유전자 치료에도 격렬한 적개심을 드러낸다. 그들은 재생 의료나 유전자 치료가 생명의 존엄을 높이는 행위가 아닌 오히려 깎아내리는 소행이라고 주장한다. 더군다나 이와 같은 높은 기술력을 부유층만 누림으로써 생명의 차별화가 일어나고 있는 현실에, 그 혜택을 받지 못하는 자들의 분노는 계속 커지고 있다.

유령화하는 인격

게다가 심각한 문제는 전문가가 '유령'이라고 부르는 인격의 희박화, 혹은 소실이다. 어떤 철학자는 '존재의 기화(氣化)'라고 부르기도 한다.

도저히 설명하기 곤란한 현상이지만, 지나치리만큼 철저한 개인주의가 달성되어 개인이 최대한 존중받는 사회가 실현되자 그 전제가 되는 개인에게 이변이 일어났다. 개인의 인격이 실체를 잃은 유령처럼 희박하고 모호하게 변질하기 시작한 것이다.

이러한 사태의 징후로서 꽤 오래전부터 자신의 기분을 잘 모르겠다거나 자기 자신이 느껴지지 않는다고 호소하는 사람이 있었다. 자신의 몸을 칼로 긋거나 살갗을 라이터로 지지는 사람들이 이런 행동을 할 때 자신이 느껴진다고 말한 적도 있었다. 하지만 여기에는 아직 희미하기는 하나 자기라는 존재가 있었으므로, 이런 행위에 필사적으로 매달리려고 했다. 그런데 언제부터인가 각지에서 자신이라는 존재 그 자체가 증발해서 사라져버리는 현상이 일어나게 되었다.

최초의 '유령'이 발견된 때는 벌써 6, 7년 전의 일이다.

어느 도시의 고독사를 다루는 전문 부서에 안부가 확인되지 않은 한 남성의 사례가 보고되었다. 그의 마지막 모습은(인간이 본

것은 아니지만) 무인 편의점의 카메라로 촬영된 모습으로, 보고되기 4년 반 전에 찍힌 영상이었다.

이 사례는 이번에 보고되기 2년 전에도 주요 확인 목록에 올랐지만, 수도와 전기가 사용된 점, 지인과 메시지를 주고받은 사실이 확인된 점, 옆집에서 이상한 냄새가 난다는 등의 신고가 없다는 이유로 경과 관찰 처분을 받았다.

담당 AI는 다시 한번 수도국과 전력 회사의 자료를 토대로 통신 기록 등을 확인했다. 그 남자는 수도와 전기를 사용했고 지인과도 연락을 주고받았다. 또 식료품이나 의약품을 구매한 사실도 확인되었다. 그중에는 옥시토신 분비 촉진제인 옥스도 포함되어 있었다.

하지만 최신 버전 AI는 2년 전에 놓쳤던 어떤 사실을 놓치지 않았다. 전기 사용량은 계절에 따라 변하는데 수도 사용량은 과거 4년간, 매월 거의 일정하다는 점이었다. 담당 AI는 즉시 안부 확인 연락을 했다. 곧바로 남자에게서 특별히 달라진 점은 없으니 걱정하지 말라는 답변이 왔다. 하지만 AI는 순식간에 그 답변을 본인이 아닌 비서 기능이 있는 AI가 작성했다고 판단했다.

담당 AI는 곧바로 경찰에 신고했다. 20분 후 경찰이 잠금장치를 강제로 해제하고 집 안으로 들어가 보니, 텅 빈 집에서 오로지 가사 로봇만이 주인 없는 집을 완벽하게 관리하고 있었다. 책상 위에는 화면이 꺼진 단말기와 집주인의 물건으로 보이는 고글이 놓여 있었고, 그 옆에는 휘갈겨 쓴 종잇조각이 있었다. 그 종이에는 이렇게 쓰어 있었다.

"나는 사라진다. 이제 아무것도 없다. 아무것도."

집을 조사한 결과, 손도 대지 않은 옥스 알약이 다량으로 나왔다. 그의 상담 상대가 분명한 AI 스피커의 전원은 꺼져 있었으나 단말기 단자에는 비서 기능이 있는 AI 칩이 삽입되어 있었다. AI는 각종 요금의 납부부터 메일 답장, 관심 있는 사이트 확인을 비롯해 SNS에 게시물 올리기 및 업데이트, 정기적인 쇼핑, 일기 쓰기, 가계부 관리까지를 완벽히 해내고 있었다.

냉장고에는 아무도 먹지 않을 식료품이 질서정연하게 진열되어 있었고, 유통기한이 얼마 남지 않은 음식은 가사 로봇이 쓰레기로서 처리하고 있었다. 정보와 물건, 에너지까지 평소처럼 움직이고 있었으므로 정작 주인이 없다는 사실을 아무도 눈치채지 못했다. 반대로 말하면 본인이 없는데도 생활은 평소처럼 유지되고 있었다. 4년 반은 고사하고 최근 10년간 아무도 남자를 만난 적이 없고 남자의 얼굴을 보지 못했는데도 이상하게 여기는 사람이 한 사람도 없었다.

사라진 남자의 안부는 밝혀지지 않았지만, 사건성을 뒷받침하는 증거도 발견되지 않았으므로, 남자가 증발하듯이 행방을 감추었다고밖에 생각할 수 없었다. 다만 경찰은 옥스가 많이 남아있는데다가 그 옥스에 적힌 날짜로 보아 아무래도 남자가 약을 중단한 상태이리라고 추측했다.

이 사건은 예외적인 사건처럼 보였지만 그렇지 않았다. 머지 않아 이러한 사례가 흔하게 발생한다는 사실이 밝혀졌다. 평소와 다름없이 생활하는 듯 보이므로 이상하다는 사실을 알아차리기 어렵지만, 본인은 유령처럼 모습을 감추어버리는 것이다. 그리고 이들의 공통점은 모든 판단과 처리를 AI에 맡겼다는 점이었다.

그중에는 아무도 모르게 자살했다고 판명된 사례도 있었고, 이후 본인이 살아 있다는 사실이 밝혀진 사례도 있었다. 발견된 장소도 다양해서, 간이 숙박업소, 빈민가, 구호 시설, 교도소 등, 대체로 사회의 가장 낮은 밑바닥에 생존해 있었다. 그들은 반응이 없었고 아무 대답도 하지 않았으며 초점 없는 흐리멍덩한 눈을 하고 있었다. 생명 반응은 있었으나 인격이 사라져버린 듯했다.

하지만 이와 같은 상황은 실종된 지 1년 이내에 발견된 사람에게만 해당하는 이야기였다. 방금 소개한 실종된 지 4년이 넘은 이 남성은 상황이 완전히 달랐다. 그는 기억을 잃은 채였지만 공감형 인류가 사는 빈민가에서 여자와 살고 있었으며 18개월 된 아이까지 있었다. 길가에 쓰러져 죽어가고 있던 남자를 여자가 구해주었다고 한다. 남자는 로봇 상사의 지도를 받으며 로봇도 하지 않는 저임금의 육체노동밖에 할 수 없으므로 수입이 변변치 않았다. 그러나 매우 행복해 보였다. 비록 삶은 가난했지만 직장 동료와 허물없이 만나기도 하고 아이와 함께 놀기도 하면서 시간을 보냈다.

시의 직원이 정기적으로 남자의 거처를 방문하게 되었다. 남자는 어째서 그들이 찾아와 자신에게 관심을 보이는지 이해가 되지 않았다. 어느 날 그들은 남자에게 사진 한 장을 보여주었다. 남자의 집을 찍은 사진이었다. "이 집에 대해 기억나는 것은 없습니까?" 남자는 아무것도 기억해내지 못했다. 그러자 직원은 남자에게 옥스 알약을 건네주었다. "이게 뭐죠?" 남자는 옥스를 알지 못했다. 직원은 남자에게 알약을 복용하기를 권했다. 남자는 거절했다.

이 대화를 엿듣고 있던 여자는 자신의 예상이 맞았다는 사실에 불안해졌다. 옥스를 복용하지 않으면 그들이 죽게 된다는 이야기를 들었기 때문이다. 그러나 최근 몇 년간 함께 살면서 여자는 남자가 옥스를 복용하는 모습을 보지 못했다. 여자는 시의 직원들이 무언가 착각을 하고 있다고 생각을 고쳤다.

그 일이 있은 지 며칠 후, 느닷없이 들려오는 큰 소리에 여자는 깜짝 놀랐다. 놀란 아이가 요란하게 울음을 터뜨렸다. 남자는 새파랗게 질려서 얼어붙은 듯이 우뚝 서 있었다. 발밑에 떨어뜨린 머그잔이 갈색 내용물과 함께 산산이 조각나 있었다. 남자는 아무런 표정이 없었다. 여자는 무서웠지만 아무런 질문도 할 수 없었다.

그날 밤, 남자는 아무 말도 하지 않고 모습을 감췄다. 여자는 울부짖으며 아이를 등에 업고 남자를 찾으러 다녔다. 이틀 후 남자는 인적이 드문 공중화장실에서 목을 맨 채로 발견되었다.

그가 무려 4년 동안이나 옥스를 복용하지 않고도 생존했다는 사실에 관계자들은 흥미를 보였다. 기억을 잃어버린 것이 오히려 그에게 약이 된 것일까? 하지만 여자는 그 이유를 알고 있었다. 그들이 서로 사랑했기 때문이다.

지금도 단독 생활을 하는 디스커넥트 인류의 호사스러운 고급 주택에는 유령만이 살고 있을지도 모른다.

당신은 디스커넥트 사회에
살 준비가 되어 있는가?

지금과 같은 기세로 탈 애착이 진행되면 수십 년도 채 되지 않아 디스커넥트 인류가 과반수를 차지하게 될 것이다.

이 책에서 제시한 디스커넥트 인류와 그 사회의 모습은 고작 서막에 불과하다고 할 만큼 순화되어 있다. 현실은 훨씬 극단적인 양상을 띨지도 모른다. 애착이라는 속박에서 벗어나 부모가 아닌 공적 기관이 생명의 탄생과 양육을 관리하는 사회. AI가 완벽하게 관리하는 공정한 사회. 하지만 동시에 따뜻함은 물론 감정의 교류가 없는 개개인이 생활하는 사회. 이런 사회를 '이상적인 사회'라고 느낄지, '죽음의 사회'라고 느낄지는 사람마다 다르다. 공감형 인류의 생존자들이 보금자리를 잃고 매일 무의미함과 외로움에 시달릴 때 디스커넥트 인류는 이에 아랑곳하지 않고 자신만의 즐거움과 흥분에 포효할 것이다.

아니면 어느 단계에서 흐름이 역전되면서 애착을 회복하려는 움직임이 강해지고 사회 역시 애착을 지키기 위한 방책을 강화함으로써, 안정된 애착을 보이는 사람이 또다시 늘어날지도 모른다. 그리하여 디스커넥트 인류가 줄고 공감형 인류가 만회함으로써 재역전이 일어나고, 진화로 보였던 것이 사실은 일과성 적응일 뿐이었다는 사실을 깨닫게 될 수도 있다.

　나는 가능하다면 그렇게 되기를 소망한다.

　이제 그 해답을 알게 될 날도 머지않았다.

참고 자료

[1] 오카다 다카시, 『죽음에 이르는 병, 당신을 좀먹는 애착 장애의 위협』, 고분샤신쇼, 2019 (국내 미출간)

[2] Picardi et al., "A twin study of attachment style in young adults," JPers. 2011 Oct ; 79 (5) : 965–91.

[3] Sandin et al.,"The Heritability of Autism Spectrum Disorder,"JAMA 2017 Sep 26 ; 318 (12) : 1182–1184

[4] 데이비드 월린, 『애착과 정신요법』, 쓰시마 도요미 옮김, 세이와 쇼텐, 2011, 21〜24쪽 Wallin, David J. Attachment in Psychotherapy, Guilford Publications, 2007 (데이비드 월린, 『애착과 심리 치료』, 김진숙 · 윤숙경 · 이지연 옮김, 학지사, 2010)

[5] 같은 책 p.25

[6] 오카다 다카시, 「제5장 애착 장애의 심각화와 그 배경」, 『죽음에 이르는 병 당신을 좀먹는 애착 장애의 위협』

[7]매튜 스미스, 「제2장 최초의 과잉행동증 아동」, 『하이퍼 액티브: ADHD의 역사는 어떻게 움직였는가』, 이시사카 요시키 · 하나시마 아야코 · 무라카미 아키오 옮김, 세이와쇼텐, 2017 Smith, Matthew. Hyperactive: The Controversial History of ADHD, Reaktion Books, 2012 (국내 미출간)

[8] Barglow et al., "Effects of maternal absence due to employment on thequality of infant–mother attachment in a low–risk sample," Child Dev. 1987Aug ; 58 (4) : 945–54.

[9] Umemura & Jacobvitz, "Nonmaternal care hours and temperament predictinfants' proximity–seeking behavior and attachment subgroups," Infant BehavDev. 2014 Aug ; 37 (3) : 352–65.

[10] Hazen et al., "Very extensive nonmaternal care predicts mother–infantattachment disorganization: Convergent evidence from two samples," DevPsychopathol. 2015 Aug ; 27 (3) : 649–61.

[11] Konrath et al., "Changes in adult attachment styles in American collegestudents over time: a meta–analysis," Pers Soc Psychol Rev. 2014 Nov ; 18 (4) : 326–48.

[12] Bakermans–Kranenburg & van IJzendoorn, "The first 10,000 AdultAttachment Interviews: distributions of adult attachment representations inclinical and non–clinical groups," Attach Hum Dev. 2009 May ; 11 (3) : 223–63.

[13] 마쓰시타 히메카 · 오카바야시 무쓰미(2009), 「청년기의 애착 스타일과 모자(母子) 이미지의 관련성 – 질문지와 모자 그림을 사용한 검토-」『히로시마대학교 심리학연구 제9호』

[14] Ma et al., "Genome changes due to artificial selection in U.S. Holsteincattle." BMC Genomics. 2019 Feb 11 ; 20 (1) : 128.

[15] 같은 논문

[16] Lamport & Turner, "Romantic attachment, empathy, and the broaderautism phenotype among college students." J Genet Psychol. 2014 May–Aug ; 175 (3–4) : 202–13.

[17] Harold et al., "Biological and Rearing Mother Influences on Child ADHDSymptoms: Revisiting the Developmental Interface between Nature andNurture." J Child Psychol Psychiatry. 2013 Oct ; 54 (10) : 1038–46.

[18] Hawks et al., "Recent acceleration of human adaptive evolution." Proc NatlAcad Sci U S A. 2007 Dec 26 ; 104 (52) : 20753–8.

[19] Lakatos et al., "Dopamine D4 receptor (DRD4) gene polymorphism isassociated with attachment disorganization in infants." Mol Psychiatry. 2000

[20] 코크란, 그레고리 · 하펜딩, 헨리, 『1만 년의 진화 폭발』, 후루카와 나나코 옮김, 닛케이BP샤, 2018 Cochran, Gregory and Harpending, Henry. The 10,000 year explosion, Basic Books, 2009 (그레고리 코크란 · 헨리 하펜딩, 『1만 년의 폭발』, 김명주 옮김, 글항아리, 2010)

[21] 유발 하라리, 『호모 데우스-테크놀로지와 사피엔스의 미래(상)(하)』, 시바타 야스시 옮김, 가와데쇼보신샤, 2018 Harari, Yuval Noah. Homo Deus: A History of Tomorrow, Vintage Publishing, 2017 (유발 하라리, 『호모 데우스-미래의 역사』, 김명주 옮김, 김영사, 2017) ※이하, 하라리의 인류의 인류사 및 미래에 관한 이론은 같은 책을 따른다.

[22] 이케다 기요히코, 『진화론의 최전선』, 슈에이샤 인터내셔널, 2017 (국내 미출간)

[23] Mirazon et al., "Inter-group violence among early Holocene huntergatherers of West Turkana, Kenya." Nature. 2016 Jan 21 ; 529 (7586) : 394–98.

[24] Bowles, "Did warfare among ancestral hunter-gatherers affect theevolution of human social behaviors?" Science. 2009 Jun 5 ; 324 (5932) : 1293–98.

[25] Nakao et al., "Violence in the prehistoric period of Japan: the

spatiotemporal pattern of skeletal evidence for violence in the Jomon period." BiolLett. 2016 Mar ; 12 (3) : 2016. 0028.

[26] Lowery et al., "Rapid recovery of life at ground zero of the end-Cretaceousmass extinction." Nature. 2018 Jun ; 558 (7709) : 288-91.

[27] 마쓰우라 요시히로, 『프랑스 혁명의 사회사』, 야마카와슛판샤, 1997, 59~62쪽 (국내 미출간)

[28] 같은 책 52~53쪽, 63~66쪽

[29] Wood & Smouse, "A method of analyzing density-dependent vital rateswith an application to the Gainj of Papua New Guinea." American Journal ofPhysical Anthropology. 1982 Aug ; 58 (4) : 403-11.

[30] Aitken & Graves, "Human spermatozoa : The future of sex." Nature. 2002Feb 28 ; 415 (6875) : 963.

[31] 마쓰다 요이치, 『성의 진화사-지금 사람의 염색체에서 무슨 일이 일어나고 있는가』, 신쵸센쇼, 2018 (국내 미출간) ※이하 인류의 성염색체와 성적 기능의 쇠퇴에 관한 기재는 같은 책을 따른다.

[32] Levine et al., "Temporal trends in sperm count: a systematic review andmeta-regression analysis."Hum Report Update, 2017 Nov 1 ; 23 (6) : 645-59

[33] 마쓰다 요이치, 『성의 진화사-지금 사람의 염색체에서 무슨 일이 일어나고 있는가』 제1장

[34] Thomas Beckett, "Sparta : The Ultimate Greek Warriors: Everything YouNeed To Know About the Spartan Civilization." Kindle Chapter One-SpartanMilitary Training 2016

[35] W. G. 포레스트, 『스파르타사 기원전 950~192년』, 단토 고지 옮김, 게이스이샤, 1990 Forrest, W. G. A History of Sparta, 950-192 B.C, W.W.Norton&Company, 1969 (국내 미출간) ※이하 인구 감소의 배경에 관해서는 주로 같은 책 p. 203-216을 따른다.

[36] Cann et al., "Mitochondrial DNA and human evolution". Nature. 1987 Jan1-7 ; 325 (6039) : 31-36.

[37] 디오게네스 라에르티오스, 『그리스 철학자 열전(중)』 제6권 제2장, 가쿠 아키토시 옮김, 이와나미분코, 1989 Diogenes, Laertius. De clarorum philosophorum vitis 디오게네스 라에르티오스, 『그리스 철학자 열전』, 전양범 옮김, 동서문화사, 2008 ※이하 디오게네스에 관한 기재는 같은 책을 따른다. 참고로 시노페의 디오게네스와 『철학자 열전』의 작가 디오게네스 라에르티오스는 다른 사람이다.

[38] 요하임 퀼러, 『니체전-자라투스투라의 비밀』, 고로마루 히토미 옮김, 세이도샤, 2008 Kohler, Joachirn, Zarathustra's Secret, Yale University Press, 2002(국내 미출간) ※이하 니체에 관한 기재는 같은 책을 따른다.

[39] 하인즈 F. 페터스, 『루 살로메 사랑과 생애』, 도키 고지 옮김, 지쿠마분코, 1990 Peters, Heinz F. My Sister, My Spouse: A Biography of Lou Andreas-Salomee, W W Norton&Co Inc, 1974 (하인즈 F. 페터스, 『나의 누이여 나의 신부여: 루살로메의 사랑과 생애』, 홍순범 옮김, 문학출판사, 1978)

[40] 요하임 퀼러, 『니체전 자라투스투라의 비밀』, 366쪽

[41] Waters et al., "Attachment security in infancy and early adulthood: atwenty-year longitudinal study." Child Dev. 2000 May-Jun ; 71 (3) : 684-89.

[42] 리쿠르트 브라이덜 총연 2015 「연애 · 결혼 활동 · 결혼 조사」

[43] 국립사회보장 · 인구문제연구소 2015 「현대 일본의 결혼과 출산-출생 동향 기본조사 보고서」

[44] 테렌스 W. 디콘, 『사람은 어떻게 사람이 되었는가: 언어와 뇌의 공진화』, 가네코 다카요시 옮김, 신요샤, 1999 Deacon, Terrence W. The Symbolic Species: The Co-Evolution of Language and the Brain, W W Norton&Co Inc, 1998 (국내 미출간)

[45] Rigon et al., "Structural and functional neural correlates of self-reportedattachment in healthy adults: evidence for an amygdalar involvement." BrainImaging Behav. 2016 Dec ; 10 (4) : 941-52.

[46] Govindan et al., "Altered water diffusivity in cortical association tracts inchildren with early deprivation identified with Tract-Based Spatial Statistics(TBSS)." Cereb. Cortex, 2010 Mar ; 20 (3) : 561-69.

[47] Vrticka & Vuilleumier, "Neuroscience of human social interactions andadult attachment style." Front Hum Neurosci. 2012 Jul 17 ; 6 : 212.

[48] Lenzi et al., "Attachment models affect brain responses in areas related toemotions and empathy in nulliparous women." Hum Brain Mapp. 2013 Jun ; 34(6) : 1399-414.

[49] Ko et al., "Altered gray matter density and disrupted functionalconnectivity of the amygdala in adults with Internet gaming disorder." ProgNeuropsychopharmacol Biol Psychiatry. 2015 Mar 3 ; 57 : 185-92.

[50] Zhou et al., "Orbitofrontal gray matter deficits as marker of

Internetgaming disorder: converging evidence from a cross—sectional and prospectivelongitudinal design." Addict Biol. 2019 Jan ; 24 (1) : 100–09.

[51] Koulomzin et al., "Infant gaze, head, face and self—touch at 4 monthsdifferentiate secure vs. avoidant attachment at 1 year: a microanalyticapproach." Attach Hum Dev. 2002 Apr ; 4 (1) : 3–24.

[52] Choi et al., "Gaming—addicted teens identify more with their cyber—self thantheir own self: Neural evidence." Psychiatry Res Neuroimaging. 2018 Sep 30 ; 279 : 51–59.

[53] 제임스 월리스 · 짐 에릭슨, 『빌 게이츠–거대 소프트웨어 제국을 구축한 남자 증보 개정판』, 오쿠노 다쿠지 번역 감독, SE편집부 옮김, 쇼에이샤, 1995 Wallace, James and Erickson, Jim. Hard Drive: Bill Gates and the Making of the Microsoft Empire, Harper Business; Reprint edition, 1993 (국내 미출간)

[54] Fortuna et al., "Attachment to inanimate objects and early childcare: Atwin study." Front Psychol. 2014 May 22 ; 5 : 486.

[55] 앤드류 화이튼 · 리차드 번, 『마키아벨리적 지성과 마음 이론의 진화론 II 새로운 전개』, 도모나가 마사키 · 오다 료 · 히라타 사토시 · 후지타 가즈오 번역 감독, 나카니시야슛판, 2004 Whiten, Andrew and Byrne, Richard W. Machiavellian Intelligence II: Extensions and Evaluations, Cambridge University Press; 2 edition, 1997 (국내 미출간)

[56] 다케다 다쓰오, 『복지국가의 투쟁–스웨덴이 준 교훈』, 주코신쇼, 2001 (국내 미출간)

[57] 같은 책 p.15

[58] 구루베 노리코, 『스웨덴인은 지금 행복한가』, 일본방송출판협회, 1991 (국내 미출간)

[59] 다케다 다쓰오, 『복지국가의 투쟁–스웨덴이 준 교훈』, 128쪽

[60] 비예르너 다미코『제7장 '아무도 들어주지 않는다'–고령자 옴부즈맨의 보고』, 『스웨덴으로 보는 '초고령사회'의 행방–시어머니의 임종을 통해 본 복지』, 미네르바쇼보, 2011 (국내 미출간)

[61] 다케다 다쓰오, 『복지국가의 투쟁–스웨덴이 준 교훈』, 132쪽

[62] SCB Statistisk arsbok 2004

[63] 후생노동성 2015 「한부모 가정 등의 현재 상황에 관하여 2012년」